inves
wie
ein
TIER.

52 FinanzGedichte
aus 2022

by Frederic Buchheit

*Hinterfrage **Deine** Sicht*
- per Gedicht!

Am ATH

Die ganze World am ATH*,
die Rallye rutscht ins neue Jahr.

Gezogen von den dicken Schiffen,
der Rest seit Wochen hart geschliffen.

So liegt, verblüffend aber wahr,
ein Bärenmarkt im ATH.

FinanzGedichte, 01.01.2022

*All Time High, Allzeithoch

Investier' wie ein Tier.

Investier wie ein TIER

by Frederic Buchheit

FSC
www.fsc.org
MIX
Papier aus verantwortungsvollen Quellen
Paper from responsible sources
FSC® C105338

Bibliografische Information der Deutschen Nationalbibliothek: Die Deutsche Nationalbibliothek verzeichnet diese Publikation in der Deutschen Nationalbibliografie; detaillierte bibliografische Daten sind im Internet über dnb.dnb.de abrufbar.

Investier' wie ein Tier 52 FinanzGedichte aus 2022 by Frederic Buchheit

Investier' wie ein Tier by Frederic Buchheit

InvestierWieEinTier@t-online.de

Cover-/Logogestaltung: Frederic Buchheit

Bildnachweis Eichhörnchen Titelseite und ff.:
Cattallina/stock.adobe.com

Herstellung und Verlag: BoD – Books on Demand, Norderstedt

ISBN: 9783757801144

gewidmet meinen Eltern

Christiane

und

Armin

Danke.

A Es kommt drauf an, was Du draus machst

Lieber Freund, liebe Freundin des InvesTierens,

schön, dass Du hier bist! Mein Name ist Frederic. Darf ich Dir meinen Freund Pildi vorstellen? Pildi hat in seinem Eichhörnchen-Leben schon so manche Abenteuer erlebt und dabei viele Erfahrungen mit Nüssen und dem Anlegen bzw. Investieren derselben gesammelt. Seine Denkanstöße will er heute an andere Eichhörnchen - oder die, die eines werden wollen, weitergeben. Wie er es von seinen Nüssen her kennt, hat er diese auch hier natürlich versteckt - und zwar in seinen FinanzGedichten. Die wird er Dir auf den folgenden Seiten zum Besten geben. Du kannst seine FinanzGedichte einfach konsumieren und Dich (hoffentlich) daran erfreuen. Sie haben dann einen reinen Unterhaltungswert. Die eigentliche Intention von Pildi ist jedoch, dass Du Deine Sichtweisen, Einstellungen und ggf. Glaubenssätze in Verbindung mit Nüssen, ich meine natürlich Geld und Finanzen, einmal für Dich selbst reflektierst bzw. hinterfragst. Dazu gibt er Dir zu jedem FinanzGedicht ein paar Fragen an die Hand, die Du unbedingt mit einem Stift notieren solltest. So wirst Du für Dich selbst den größten Wert aus diesem Büchlein ziehen. Der Wert von etwas ist wie so oft abhängig von dem, was Du daraus machst. Beachte, dass sich Pildi trotz seiner Erfahrungen nie anmaßen würde, die absolute Wahrheit (wenn es die gibt) zu kennen. Er will Dich nicht belehren. Pildi weiß, dass er nichts weiß. Sein Ziel ist, andere Eichhörnchen zu animieren, einmal ein paar individuelle Gedanken über ihre Nüsse, Entschuldigung Finanzen, zu verlieren. Daher kann es im Buch auch keine Musterlösungen auf Pildis Fragen geben. Denn schon die Fragen selbst werden individuelle Denkprozesse provozieren - abhängig von Deinen Vorerfahrungen. Entsprechend wird jeder Leser zu seinen eigenen Antworten kommen. **Es kommt eben drauf an, was Du draus machst.**

B Wie funktioniert dieses Büchlein?

Es ist ganz einfach: Pildi wird Dir in den Kapiteln eins bis fünf verschiedene FinanzGedichte präsentieren. Die enthaltenen Kopfnüsse bzw. Denkanstöße werden Dich zur Selbstreflexion anregen. Deine Gedanken solltest du jeweils auf der Folgeseite *schriftlich* festhalten. Nicht jedes FinanzGedicht ist „ernst" gemeint. Manche dienen evtl. nur der Unterhaltung. Aber das musst Du jeweils selbst entscheiden. Wir üben das Ganze einmal anhand des FinanzGedichts auf der *Rückseite* dieses Buches:
Lies es einmal durch und komme dann zurück. Nimm nun einen Stift zur Hand und entscheide auf der rechten Seite bei a), ob Dir das Gedicht gefallen hat. Setze dazu ein Kreuz irgendwo auf dem Pfeil. Gut gemacht. Die nächsten **Denk**aufgaben b) bis d) sind selbsterklärend und sollten ihrem Namen alle Ehre machen. Lass dir ruhig Zeit dabei! **Aufgabe e)** darfst du **auf keinen Fall weglassen**! Sie ist die spannendste und aus meiner bei Lesungen gewonnenen Erfahrung die wertvollste! FinanzGedichte leben vom Vorlesen und dem anschließenden Austausch der Sichtweisen. Also suche dir einen oder mehrere Zuhörer. Je unbekannter, desto besser!
Am Ende jedes Kapitels wirst du selbiges nochmal Revue passieren lassen und reflektieren, ob sich an Deiner Sicht etwas geändert hat. Tipp: Lies nicht mehr als ein Gedicht pro Woche oder eines pro Tag – außer du suchst „nur" Unterhaltung. Ich wünsche dir jetzt viel Spaß beim Knacken von Pildis Kopfnüssen!
Übrigens kommen auf Instagram, Facebook und Twitter jede Woche neue FinanzGedichte hinzu. Folge mir gerne, diskutiere mit oder sende mir **Deinen Wunschtitel** für das nächste FinanzGedicht! Blättere dazu einfach auf Seite **137!** Einige Gedichte sind allein durch die Wünsche der Community in meinem Kopf entstanden. Du erkennst sie am Zusatz „@Accountname"*. An dieser Stelle **danke** an alle, die mir in 2022 einen Wunschtitel gesendet haben!

*Das stellt **keine *allgemeine* Empfehlung** für den Account bzw. dessen Inhalte dar. Bilde dir stets Deine eigene Meinung und folge nicht blind. Auch mir nicht.

Deine Gedanken zum FinanzGedicht?*

a) Wie hat dir dieses FinanzGedicht gefallen?

gar nicht :-(geht so :-| sehr gut :-D

b) Findest du, dass das Gedicht im passenden Kapitel steht?

O nein, weil... O ja

____

____

c) Was denkst du ist die Botschaft des Gedichts?

O Pildi will sagen, dass... O es gibt keine

____

____

d) Kannst du für Dich und Deine Finanzentscheidungen etwas aus dem Gedicht mitnehmen bzw. lernen?

O ja, und zwar... O nein

____

____

e) Lies jemandem das Gedicht vor und diskutiert Frage c)!

*Sende mir Deine Gedanken, Deine Meinung, Deinen Wunschtitel gerne per Mail, Instagram, Facebook oder Twitter und diskutiere mit! Scanne dazu einen der QR-Codes auf ***Seite 137!***

Inhaltsverzeichnis

A Es kommt drauf an, was Du draus machst.................7

B Wie funktioniert dieses Büchlein?............................8

1. Konsumieren...13

Reich durch Nichtrauchen - ein FinanzGedicht.........14

Ziegenhütte - ein FinanzGedicht..............................16

Konsumarbeitszeit - ein FinanzGedicht....................18

Zeit los - ein FinanzGedicht.....................................20

Reich mit Gras - ein FinanzGedicht 22

Hängematte - ein FinanzGedicht..............................24

Data Mining - ein FinanzGedicht..............................26

Splitter und BALKEN - ein FinanzGedicht.................28

Maß deiner Freiheit - ein FinanzGedicht..................30

Bausparvertrag - ein FinanzGedicht.........................32

Deine Sicht auf Kapitel 1?..34

2. Akkumulieren...35

Girokonto - ein FinanzGedicht.................................36

Metaverse - ein FinanzGedicht.................................38

Dein Ziel - ein FinanzGedicht...................................40

Der Hamsterkauf - ein FinanzGedicht......................42

Geld stinkt - ein FinanzGedicht................................44

Inflationssonne - ein FinanzGedicht.........................46

Vorratskammer - ein FinanzGedicht........................48
CO2-Inflation - ein FinanzGedicht............................50
Dein Gedanke - ein FinanzGedicht...........................52
Progression - ein FinanzGedicht..............................54
Deine Sicht auf Kapitel 2?......................................56
3. Lamentieren...57
Süße Trauben sind sauer - ein FinanzGedicht...........58
Wirtschaftskrise - ein FinanzGedicht........................60
Zu alt - ein FinanzGedicht...62
Hausrat ungleich Haftpflicht - ein FinanzGedicht.....64
Nur die nicht warten - ein FinanzGedicht.................66
Die Uhr des Mr. Spock - ein FinanzGedicht...............68
Embargo - ein FinanzGedicht.....................................70
Übergewinn - ein FinanzGedicht................................72
Alles muss raus! - ein FinanzGedicht.........................74
Geistig behindert - ein FinanzGedicht.......................76
Armut sinkt - ein FinanzGedicht...............................78
Deine Sicht auf Kapitel 3?...80
4. Investieren...81
Fuchs und Igel - ein FinanzGedicht...........................82
Tapering - ein FinanzGedicht.....................................84
Von Bullen und Bären* - ein FinanzGedicht.............86
Finanz-Handwerker - ein FinanzGedicht...................88

Die Dividende - ein FinanzGedicht............................90

ESG - ein FinanzGedicht..92

Strategie oder Vieh - ein FinanzGedicht...................94

Mein ETF ist mein Chef - ein FinanzGedicht.............96

DEPPot - ein FinanzGedicht..98

Bock auf Stock - ein FinanzGedicht.........................100

Deine Sicht auf Kapitel 4?..102

5. Spekulieren..103

10x oder nix - ein FinanzGedicht.............................104

NFT - ein FinanzGedicht...106

Wie gewonnen - ein FinanzGedicht...........................108

Ali Baba - ein FinanzGedicht*.................................110

Prognose - ein FinanzGedicht...................................112

Der Hedgefonds - ein FinanzGedicht.......................114

Angst - ein FinanzGedicht..116

Unterbewertet - ein FinanzGedicht..........................118

Die Annuität - ein FinanzGedicht.............................120

Trading-Bot - ein FinanzGedicht..............................122

Heute billig morgen teuer - ein FinanzGedicht.......124

Deine Sicht auf Kapitel 5?.......................................126

Bonusgedicht für alle Freunde des Friedens..........127

Deine Sicht auf das Buch*.......................................128

C. Pildis Reklamenest...129

1. Konsumieren

[Güter verbrauchen oder Dienstleistungen nutzen]

Reich durch Nichtrauchen - ein FinanzGedicht

Rauchen ist ein teures Hobby,
gefördert von der Tabaklobby.

Sieben Euro - 20 Stück,
für ein kurz' Gefühl von Glück.

Den Fuffi im Monat investieren,
statt nur Rauch zu konsumieren?

Damit liegt nach 40 Jahr,
dein Vermögen über 100k.

So wird sich langfristig ergeben;
ein reiches und gesundes Leben.

FinanzGedichte, 20.01.2022

a) Wie hat dir dieses FinanzGedicht gefallen?

gar nicht :-(geht so :-| sehr gut :-D

b) Findest du, dass das Gedicht im passenden Kapitel steht?

O nein, weil... O ja

____

____

c) Was denkst du ist die Botschaft des Gedichts?

O Pildi will sagen, dass... O es gibt keine

____

____

d) Kannst du für Dich und Deine Finanzentscheidungen etwas aus dem Gedicht mitnehmen bzw. lernen?

O ja, und zwar... O nein

____

____

e) Lies jemandem das Gedicht vor und diskutiert Frage c)!

*Sende mir Deine Gedanken, Deine Meinung, Deinen Wunschtitel gerne per Mail, Instagram, Facebook oder Twitter und diskutiere mit! Scanne dazu einen der QR-Codes auf ***Seite 137!***

Ziegenhütte - ein FinanzGedicht

Immopreise hoch wie nie,
teurer als in Rom das Vieh!

Sehet nur, wie schweineteuer,
dieses nasse Burggemäuer!

Hunderttausend für's Latrinenhaus,
sogar die Mäuschen zogen aus!

Selbst für des Bauern Ziegenhütte,
man ihm den Flur voll Taler schütte!

Nun macht selbst die dümmste Ziege,
um Ziegenhütten eine Biege!

FinanzGedichte, 17.01.2022
Gedichtswunsch von @finanziege

Deine Gedanken zum FinanzGedicht?*

a) Wie hat dir dieses FinanzGedicht gefallen?

gar nicht :-(geht so :-| sehr gut :-D

b) Findest du, dass das Gedicht im passenden Kapitel steht?

O nein, weil... O ja

____

____

c) Was denkst du ist die Botschaft des Gedichts?

O Pildi will sagen, dass... O es gibt keine

____

____

d) Kannst du für Dich und Deine Finanzentscheidungen etwas aus dem Gedicht mitnehmen bzw. lernen?

O ja, und zwar... O nein

____

____

e) Lies jemandem das Gedicht vor und diskutiert Frage c)!

*Sende mir Deine Gedanken, Deine Meinung, Deinen Wunschtitel gerne per Mail, Instagram, Facebook oder Twitter und diskutiere mit! Scanne dazu einen der QR-Codes auf ***Seite 137!***

Konsumarbeitszeit - ein FinanzGedicht

Immer wenn du konsumierst,
du ein Stück Lebenszeit verlierst.

Nach der Arbeit bei 10 € je Stunde,
bist du bei Starbucks für 10 € Kunde.

Du tauschst zuerst deine Zeit in Geld,
und kaufst dir dann, was dir gefällt.

Drum ist die Frage nie verkehrt:
"Ist's denn wirklich die ZEIT wert?"

Konsum hält stets die Wahl bereit:
Mehr Arbeits- oder Lebenszeit?

FinanzGedichte, 03.03.2022

Deine Gedanken zum FinanzGedicht?*

a) Wie hat dir dieses FinanzGedicht gefallen?

gar nicht :-(geht so :-| sehr gut :-D

b) Findest du, dass das Gedicht im passenden Kapitel steht?

O nein, weil... O ja

____

____

c) Was denkst du ist die Botschaft des Gedichts?

O Pildi will sagen, dass... O es gibt keine

____

____

d) Kannst du für Dich und Deine Finanzentscheidungen etwas aus dem Gedicht mitnehmen bzw. lernen?

O ja, und zwar... O nein

____

____

e) Lies jemandem das Gedicht vor und diskutiert Frage c)!

*Sende mir Deine Gedanken, Deine Meinung, Deinen Wunschtitel gerne per Mail, Instagram, Facebook oder Twitter und diskutiere mit! Scanne dazu einen der QR-Codes auf ***Seite 137!***

Zeit los - ein FinanzGedicht

Zeitlos ist das Leben nie,
Zeit vergeht stets irgendwie.

Kann sich ziehen; wird verpennt,
oder sie rast im Moment.

Zeitwährung ist besonders hart,
denn unschöpfbar ihre Art.

Du kannst sie nicht zur Seite legen;
nutzen oder nur verleben.

Mancher vergisst, vom Moos berauscht,
in was er seine Zeit eintauscht.

Siehst du von unten jenes Moos;
dann bis du deine Zeit wohl los.

FinanzGedichte, 30.05.2022
Gedichtswunsch von @mentalerfolgreich

Deine Gedanken zum FinanzGedicht?*

a) Wie hat dir dieses FinanzGedicht gefallen?

gar nicht :-(geht so :-| sehr gut :-D

b) Findest du, dass das Gedicht im passenden Kapitel steht?

O nein, weil... O ja

____

____

c) Was denkst du ist die Botschaft des Gedichts?

O Pildi will sagen, dass... O es gibt keine

____

____

d) Kannst du für Dich und Deine Finanzentscheidungen etwas aus dem Gedicht mitnehmen bzw. lernen?

O ja, und zwar... O nein

____

____

e) Lies jemandem das Gedicht vor und diskutiert Frage c)!

*Sende mir Deine Gedanken, Deine Meinung, Deinen Wunschtitel gerne per Mail, Instagram, Facebook oder Twitter und diskutiere mit! Scanne dazu einen der QR-Codes auf ***Seite 137!***

Reich mit Gras - ein FinanzGedicht

Sieh dem Gras beim Wachsen zu,
und werde Millionär im Nu!

Einfach ein paar Pflänzchen kaufen,
und den Rest der Zeit besaufen.

Am Ende wird das Gras vertickt,
und der Erlös dir zugeschickt.

Die Kapitalrendite ist genial;
35 Prozentchen pro Quartal!

Bevor du nun dein Geld rein presst,
deinen Verstand mal wirken lässt:

Nur um deine Zinsen zu ermoppeln,
muss sich der Grasumsatz verdoppeln!*

So vermehr' ein Kilo Jahr für Jahr,
und dir wird so Manches klar!

Finanzgedichte, 16.06.2022
*jedes halbe Jahr

Deine Gedanken zum FinanzGedicht?*

a) Wie hat dir dieses FinanzGedicht gefallen?

gar nicht :-(geht so :-| sehr gut :-D

b) Findest du, dass das Gedicht im passenden Kapitel steht?

O nein, weil... O ja

____

____

c) Was denkst du ist die Botschaft des Gedichts?

O Pildi will sagen, dass... O es gibt keine

____

____

d) Kannst du für Dich und Deine Finanzentscheidungen etwas aus dem Gedicht mitnehmen bzw. lernen?

O ja, und zwar... O nein

____

____

e) Lies jemandem das Gedicht vor und diskutiert Frage c)!

*Sende mir Deine Gedanken, Deine Meinung, Deinen Wunschtitel gerne per Mail, Instagram, Facebook oder Twitter und diskutiere mit! Scanne dazu einen der QR-Codes auf ***Seite 137!***

Hängematte - ein FinanzGedicht

In dieser Matte lieg' ich gern,
drauf zu stehen liegt mir fern.

Hier kann ich Gedichte schreiben,
und mir Bücher einverleiben.

Hier genieße ich die Sonne,
und die Stille - eine Wonne!

Aus dem Nichts ein schriller Ton,
was mag das sein? Ich ahn' es schon!

Mein Wecker jault auf seine Art,
und "bittet" mich ins Hamsterrad!

Wie kann man diesem nur entsteigen?
Dann könnt ich endlich liegen bleiben.

FinanzGedichte, 30.06.2022
Gedichtswunsch von @happyhundehaya

Deine Gedanken zum FinanzGedicht?*

a) Wie hat dir dieses FinanzGedicht gefallen?

gar nicht :-(geht so :-| sehr gut :-D

b) Findest du, dass das Gedicht im passenden Kapitel steht?

O nein, weil... O ja

____

____

c) Was denkst du ist die Botschaft des Gedichts?

O Pildi will sagen, dass... O es gibt keine

____

____

d) Kannst du für Dich und Deine Finanzentscheidungen etwas aus dem Gedicht mitnehmen bzw. lernen?

O ja, und zwar... O nein

____

____

e) Lies jemandem das Gedicht vor und diskutiert Frage c)!

*Sende mir Deine Gedanken, Deine Meinung, Deinen Wunschtitel gerne per Mail, Instagram, Facebook oder Twitter und diskutiere mit! Scanne dazu einen der QR-Codes auf ***Seite 137!***

Data Mining - ein FinanzGedicht

Ich mach mir die Datenwelt,
wide wie sie mir gefällt:

BIP verhält sich zu Bordellbesuchen,
wie DAX40 zum Verzehr von Kuchen.

Dieser Fonds steigt mit Gewalt,
ist leider erst ein Jährchen alt.

Zur Aktie hab ich alle Daten,
kann den Einstieg kaum erwarten.

Nicht zu genau den Daten lauschen,
oft sind sie nur Noise und Rauschen.

Sie sagen alles und auch nichts,
werfen Schatten statt des Lichts.

Und so gilt im Datenmeer;
weniger ist öfter mehr.

FinanzGedichte, 07.07.2022

Deine Gedanken zum FinanzGedicht?*

a) Wie hat dir dieses FinanzGedicht gefallen?

gar nicht :-(geht so :-| sehr gut :-D

b) Findest du, dass das Gedicht im passenden Kapitel steht?

O nein, weil... O ja

____

____

c) Was denkst du ist die Botschaft des Gedichts?

O Pildi will sagen, dass... O es gibt keine

____

____

d) Kannst du für Dich und Deine Finanzentscheidungen etwas aus dem Gedicht mitnehmen bzw. lernen?

O ja, und zwar... O nein

____

____

e) Lies jemandem das Gedicht vor und diskutiert Frage c)!

*Sende mir Deine Gedanken, Deine Meinung, Deinen Wunschtitel gerne per Mail, Instagram, Facebook oder Twitter und diskutiere mit! Scanne dazu einen der QR-Codes auf ***Seite 137!***

Splitter und BALKEN - ein FinanzGedicht

Manche zerreißen sich das Maul;
"der Nachbar leistet sich 'nen Gaul!"

Zum Tanken sollst du Umweg fahren,
"dabei kannst du zehn Cent sparen!"

Du kaufst das Bier ganz ohne Not;
"ich kauf es nur im Angebot!"

Allzu schnell ist stets entdeckt,
wo des and'ren Splitter steckt.

Nur beim eigenen Finanz-Verhalten,
sieht man vor Augen nicht den Balken.

FinanzGedichte, 08.08.2022

Deine Gedanken zum FinanzGedicht?*

a) Wie hat dir dieses FinanzGedicht gefallen?

gar nicht :-(geht so :-| sehr gut :-D

b) Findest du, dass das Gedicht im passenden Kapitel steht?

O nein, weil... O ja

____

____

c) Was denkst du ist die Botschaft des Gedichts?

O Pildi will sagen, dass... O es gibt keine

____

____

d) Kannst du für Dich und Deine Finanzentscheidungen etwas aus dem Gedicht mitnehmen bzw. lernen?

O ja, und zwar... O nein

____

____

e) Lies jemandem das Gedicht vor und diskutiert Frage c)!

*Sende mir Deine Gedanken, Deine Meinung, Deinen Wunschtitel gerne per Mail, Instagram, Facebook oder Twitter und diskutiere mit! Scanne dazu einen der QR-Codes auf ***Seite 137!***

Maß deiner Freiheit - ein FinanzGedicht

Scheinbar alles kann man messen:
die Zeit, die Länge - selbst die
Energie im Essen.

Nur wie sieht es aus bei unserem Freiheitsgrad?
Mit welchem Maß, mit welcher Einheit ist die Freiheit
bloß gepaart?

Ein paar Fragen können wir uns stellen,
um das Ganze etwas zu erhellen:

Welchen Anteil unserer Lebenszeit,
tauschen wir - prozentual, monatlich für Geld soweit?

Ist das Tauschgeschäft ein MUSS,
oder KANNst du's auch - ohne Verdruss?

Wie lange können wir gut leben,
falls uns niemand Geld im Tausch will geben?

So nimm doch einmal bei dir Maß;
und sei es nur mal so zum Spaß.

FinanzGedichte, 13.10.2022

Deine Gedanken zum FinanzGedicht?*

a) Wie hat dir dieses FinanzGedicht gefallen?

gar nicht :-(geht so :-| sehr gut :-D

b) Findest du, dass das Gedicht im passenden Kapitel steht?

O nein, weil... O ja

c) Was denkst du ist die Botschaft des Gedichts?

O Pildi will sagen, dass... O es gibt keine

d) Kannst du für Dich und Deine Finanzentscheidungen etwas aus dem Gedicht mitnehmen bzw. lernen?

O ja, und zwar... O nein

e) Lies jemandem das Gedicht vor und diskutiert Frage c)!

*Sende mir Deine Gedanken, Deine Meinung, Deinen Wunschtitel gerne per Mail, Instagram, Facebook oder Twitter und diskutiere mit! Scanne dazu einen der QR-Codes auf ***Seite 137!***

Bausparvertrag - ein FinanzGedicht

"*Jetzt!* günstige Zinsen sichern!"
Bei diesem Slogan muss ich kichern:

Bevor es los geht mit dem "Sparen",
heißt's erstmal - Gebühren zahlen!

Die bringen schon mal keine Zinsen,
dafür Beratern stets ein Grinsen.

Der Sparzins eh so winzig klein,
zahl's lieber auf ein Festgeld ein.

Das Geld gebunden an den Zweck;
Zum Bauen* muss es später weg.

Statt "Bausparen" doch besser sag:
Unflexibler Baukonsumvertrag.

"Aber vom Staat gibt's doch Zulage!"
Langfristig wird sie nur zur Plage.

Erspartes tust du selbst verwalten,
warum 'nen Dritten zwischenschalten?

So vermehr' dein Eigenkapital,
das "sichert" Zinsen allemal.

Finanzgedichte, 28.11.2022
*für "wohnwirtschaftliche Zwecke"

Deine Gedanken zum FinanzGedicht?*

a) Wie hat dir dieses FinanzGedicht gefallen?

gar nicht :-(geht so :-| sehr gut :-D

b) Findest du, dass das Gedicht im passenden Kapitel steht?

O nein, weil... O ja

____

____

c) Was denkst du ist die Botschaft des Gedichts?

O Pildi will sagen, dass... O es gibt keine

____

____

d) Kannst du für Dich und Deine Finanzentscheidungen etwas aus dem Gedicht mitnehmen bzw. lernen?

O ja, und zwar... O nein

____

____

e) Lies jemandem das Gedicht vor und diskutiert Frage c)!

*Sende mir Deine Gedanken, Deine Meinung, Deinen Wunschtitel gerne per Mail, Instagram, Facebook oder Twitter und diskutiere mit! Scanne dazu einen der QR-Codes auf ***Seite 137!***

Deine Sicht auf Kapitel 1?

a) Welches Gedicht aus *diesem* Kapitel hat dir am besten gefallen?

Titel: ______________________________

weil... ______________________________

b) Wie würdest du einem Kind den Begriff „Konsumieren“ erklären, wenn du wie Pildi ein Eichhörnchen wärst?

Konsumieren ist, ______________________________

____

____

c) Hat sich **Deine** Sicht im Bereich Konsumieren durch das Kapitel in irgendeinem Punkt verändert?

O ja, und zwar... O nein

____

____

____

d) Zeichne mithilfe von Pildi hier ein eigenes, kleines Bild zum Thema „Konsumieren“!

2. Akkumulieren

[ansammeln, anhäufen, zusammentragen]

Girokonto - ein FinanzGedicht

Über Girokonten dieser Welt,
fluktuiert das ganze Geld.

Aufgrund vieler Corona-Krisen,
manche davon aus den Miesen.

Im Gegenteil ist das "Problem":
Viele zu stark im Haben steh'n.

Denn immer kleiner wird das Haben,
per Inflation und Bankabgaben.

Drum nimm etwas von deinem Konto,
und investiere - aber pronto!

FinanzGedichte, 03.02.2022
Gedichtswunsch von @aktien.studieren

Deine Gedanken zum FinanzGedicht?*

a) Wie hat dir dieses FinanzGedicht gefallen?

gar nicht :-(geht so :-| sehr gut :-D

b) Findest du, dass das Gedicht im passenden Kapitel steht?

O nein, weil... O ja

c) Was denkst du ist die Botschaft des Gedichts?

O Pildi will sagen, dass... O es gibt keine

d) Kannst du für Dich und Deine Finanzentscheidungen etwas aus dem Gedicht mitnehmen bzw. lernen?

O ja, und zwar... O nein

e) Lies jemandem das Gedicht vor und diskutiert Frage c)!

*Sende mir Deine Gedanken, Deine Meinung, Deinen Wunschtitel gerne per Mail, Instagram, Facebook oder Twitter und diskutiere mit! Scanne dazu einen der QR-Codes auf ***Seite 137!***

Metaverse - ein FinanzGedicht

Eine parallele Welt,
mein Avatar ist schon bestellt.

Ich zieh ihm schöne Kleider an,
gekauft per NFT sodann.

Diese betonen seinen Body,
Party machen ist sein Hobby.

Er geht gern mit Freunden aus,
und ist bekannt in jedem Haus.

Ich fühl mich wohl in meiner Haut,
den Skin* hab ich erst neu gebaut.

Ich? Sitze hier allein im Zimmer,
fett und bewegungslos - wie immer.

FinanzGedichte, 17.02.2022
*Das Aussehen (z. B. Haare, Kleidung) einer
fiktiven Spielfigur (Avatar)

Deine Gedanken zum FinanzGedicht?*

a) Wie hat dir dieses FinanzGedicht gefallen?

gar nicht :-(geht so :-| sehr gut :-D

b) Findest du, dass das Gedicht im passenden Kapitel steht?

O nein, weil... O ja

____

____

c) Was denkst du ist die Botschaft des Gedichts?

O Pildi will sagen, dass... O es gibt keine

____

____

d) Kannst du für Dich und Deine Finanzentscheidungen etwas aus dem Gedicht mitnehmen bzw. lernen?

O ja, und zwar... O nein

____

____

e) Lies jemandem das Gedicht vor und diskutiert Frage c)!

*Sende mir Deine Gedanken, Deine Meinung, Deinen Wunschtitel gerne per Mail, Instagram, Facebook oder Twitter und diskutiere mit! Scanne dazu einen der QR-Codes auf ***Seite 137!***

Dein Ziel - ein FinanzGedicht

Ein Ziel zu haben ist nicht leicht,
denn manches ist zu schnell erreicht.

Viele sind zu ziseliert,
kreativ-Spontanes sich verliert.

And're scheinen illusorisch,
du verwirfst sie kategorisch.

Genau ein solches Ziel ist Dein,
denn nur DU bist NOCH zu klein.

Und wenn du merkst, es war zu viel,
dann war Dein Weg das wahre Ziel.

FinanzGedichte, 22.02.2022

Deine Gedanken zum FinanzGedicht?*

a) Wie hat dir dieses FinanzGedicht gefallen?

gar nicht :-(geht so :-| sehr gut :-D

b) Findest du, dass das Gedicht im passenden Kapitel steht?

O nein, weil... O ja

____

____

c) Was denkst du ist die Botschaft des Gedichts?

O Pildi will sagen, dass... O es gibt keine

____

____

d) Kannst du für Dich und Deine Finanzentscheidungen etwas aus dem Gedicht mitnehmen bzw. lernen?

O ja, und zwar... O nein

____

____

e) Lies jemandem das Gedicht vor und diskutiert Frage c)!

*Sende mir Deine Gedanken, Deine Meinung, Deinen Wunschtitel gerne per Mail, Instagram, Facebook oder Twitter und diskutiere mit! Scanne dazu einen der QR-Codes auf ***Seite 137!***

Der Hamsterkauf - ein FinanzGedicht

Der Hamster, der legt dann und wann,
eine Vorratskammer an.

Neben Saaten lagern hier:
Nudeln, Mehl und Klopapier.

Sobald der Bauer wühlt im Feld,
er dem Vorratswahn verfällt.

Dann türmt er raus aus seinem Bau,
und hamstert wie die wilde Sau.

Er nimmt soviel er tragen kann,
hängt notfalls seinen Hänger an.

Das Lagern kann er kaum erwarten,
die Kammer voll bis in den Garten.

Da unters Bett passt noch 'ne Krume,
in Vasen Öl der Sonnenblume.

Da viele diesem Wahn verfallen,
mangelt es am End' bei allen.

Bei Menschen kennt man so was auch:
Dort spricht man dann vom "Hamsterkauf".

FinanzGedichte, 20.04.2022

Deine Gedanken zum FinanzGedicht?*

a) Wie hat dir dieses FinanzGedicht gefallen?

gar nicht :-(geht so :-| sehr gut :-D

b) Findest du, dass das Gedicht im passenden Kapitel steht?

O nein, weil... O ja

____

____

c) Was denkst du ist die Botschaft des Gedichts?

O Pildi will sagen, dass... O es gibt keine

____

____

d) Kannst du für Dich und Deine Finanzentscheidungen etwas aus dem Gedicht mitnehmen bzw. lernen?

O ja, und zwar... O nein

____

____

e) Lies jemandem das Gedicht vor und diskutiert Frage c)!

*Sende mir Deine Gedanken, Deine Meinung, Deinen Wunschtitel gerne per Mail, Instagram, Facebook oder Twitter und diskutiere mit! Scanne dazu einen der QR-Codes auf ***Seite 137!***

Geld stinkt - ein FinanzGedicht

Es lebten mal im alten Rom,
Kaiser Vespasian samt Sohn.

Der Kaiser auf mehr Reichtum sann,
erhob so Steuern pro Toilettengang.

Als der Sohn von jener Steuer hörte,
dieser beim Vater sich empörte!

Vespasian geriet in Rage,
hielt ihm das Steuergeld zur Nase:

"Stinkt dieses Geld denn de toilette?
Nein! Weil pecunia non olet!"*

Das Geld stinkt nur und wird zur Last,
wenn du's per Betrug gewonnen hast.

FinanzGedichte, 10.05.2022
Gedichtswunsch von @holgerjj
*lat. = Geld stinkt nicht

Deine Gedanken zum FinanzGedicht?*

a) Wie hat dir dieses FinanzGedicht gefallen?

gar nicht :-(geht so :-| sehr gut :-D

b) Findest du, dass das Gedicht im passenden Kapitel steht?

O nein, weil... O ja

____

____

c) Was denkst du ist die Botschaft des Gedichts?

O Pildi will sagen, dass... O es gibt keine

____

____

d) Kannst du für Dich und Deine Finanzentscheidungen etwas aus dem Gedicht mitnehmen bzw. lernen?

O ja, und zwar... O nein

____

____

e) Lies jemandem das Gedicht vor und diskutiert Frage c)!

*Sende mir Deine Gedanken, Deine Meinung, Deinen Wunschtitel gerne per Mail, Instagram, Facebook oder Twitter und diskutiere mit! Scanne dazu einen der QR-Codes auf ***Seite 137!***

Inflationssonne - ein FinanzGedicht

Des einen Freud des and'ren Leid,
gilt zu jeder Jahreszeit.

Siehe nur was eine Wonne,
wieder mal brennt grell die Sonne!

Ihre Strahlen selbst sind unsichtbar,
höchstens die Wirkung nimmt man wahr.

Die Strahlung bringt das Grün den Tieren,
doch auch die Zellen zum Mutieren.

Der Lichtstrahl lässt Papier verbleichen,
selbst harter Kunststoff tut erweichen.

Manche gerne in ihr baden,
and're wollen sich vergraben.

Nur ungeschützt darunter pennen,
wird bald deine Haut verbrennen.

Die Sonne scheint mir auf den Bauch;
das soll sie auch.

FinanzGedichte, 16.05.2022
Gedichtswunsch von @finanzcockpit1

Deine Gedanken zum FinanzGedicht?*

a) Wie hat dir dieses FinanzGedicht gefallen?

gar nicht :-(geht so :-| sehr gut :-D

b) Findest du, dass das Gedicht im passenden Kapitel steht?

O nein, weil... O ja

____

____

c) Was denkst du ist die Botschaft des Gedichts?

O Pildi will sagen, dass... O es gibt keine

____

____

d) Kannst du für Dich und Deine Finanzentscheidungen etwas aus dem Gedicht mitnehmen bzw. lernen?

O ja, und zwar... O nein

____

____

e) Lies jemandem das Gedicht vor und diskutiert Frage c)!

*Sende mir Deine Gedanken, Deine Meinung, Deinen Wunschtitel gerne per Mail, Instagram, Facebook oder Twitter und diskutiere mit! Scanne dazu einen der QR-Codes auf ***Seite 137!***

Vorratskammer - ein FinanzGedicht

Was ein Elend, was ein Jammer!
Täglich leert sich meine Kammer!

Die Nudeln von vor einem Jahr,
als ihr Preis noch günstig war!

Ebenso das Mehl und Zucker,
ranzig ist die letzte Butter!

Auch Konserven und der Reis,
schmelzen weg wie Kirmes-Eis!

Selbst beim Öl ist leer der Schrank,
denn das schütt' ich in den Tank!

Nur's Klopapier tut sich nicht neigen,
da die Geschäfte nur bescheiden!

FinanzGedichte, 22.06.2022
Gedichtswunsch vom @holgerjjf

Deine Gedanken zum FinanzGedicht?*

a) Wie hat dir dieses FinanzGedicht gefallen?

gar nicht :-(geht so :-| sehr gut :-D

b) Findest du, dass das Gedicht im passenden Kapitel steht?

O nein, weil... O ja

____

____

c) Was denkst du ist die Botschaft des Gedichts?

O Pildi will sagen, dass... O es gibt keine

____

____

d) Kannst du für Dich und Deine Finanzentscheidungen etwas aus dem Gedicht mitnehmen bzw. lernen?

O ja, und zwar... O nein

____

____

e) Lies jemandem das Gedicht vor und diskutiert Frage c)!

*Sende mir Deine Gedanken, Deine Meinung, Deinen Wunschtitel gerne per Mail, Instagram, Facebook oder Twitter und diskutiere mit! Scanne dazu einen der QR-Codes auf ***Seite 137!***

CO_2-Inflation - ein FinanzGedicht

Ganz und gar ächzt die Nation,
unter der hohen Inflation.

Die Preise treiben Öl und Gas,
eingeheizt wird ohne Spaß.

Doch kein Grund sich zu beschweren,
politisch soll's doch teurer werden!

Mit 25 Euro die Tonne CO_2,
warst du im Jahr '21 dabei.

Schon in '25 sollen's 55 sein*;
Heizung runter! Pack dich ein!

7% Inflation sind dir zu viel?
Gegen die 17 p. a. ein Kinderspiel!

Also bleib locker, halt dich munter,
achja - und dreh' die Heizung runter!

FinanzGedichte, 21.07.2022
*also je L und m^3 Öl bzw. Gas ~18 Cent

Deine Gedanken zum FinanzGedicht?*

a) Wie hat dir dieses FinanzGedicht gefallen?

gar nicht :-(geht so :-| sehr gut :-D

b) Findest du, dass das Gedicht im passenden Kapitel steht?

O nein, weil... O ja

____

____

c) Was denkst du ist die Botschaft des Gedichts?

O Pildi will sagen, dass... O es gibt keine

____

____

d) Kannst du für Dich und Deine Finanzentscheidungen etwas aus dem Gedicht mitnehmen bzw. lernen?

O ja, und zwar... O nein

____

____

e) Lies jemandem das Gedicht vor und diskutiert Frage c)!

*Sende mir Deine Gedanken, Deine Meinung, Deinen Wunschtitel gerne per Mail, Instagram, Facebook oder Twitter und diskutiere mit! Scanne dazu einen der QR-Codes auf ***Seite 137!***

Dein Gedanke - ein FinanzGedicht

Denke an ein rotes Auto,
und du siehst sie überall.

Denke an die Möglichkeiten,
und du sie kommen Knall auf Fall.

Denke an die Lösungen,
und sie treffen dich im Traum.

Denke nur an die Probleme,
und du baust dir Deinen Zaun.

Dein Gedanke. Deine Schranke.

FinanzGedichte, 25.08.2022

Deine Gedanken zum FinanzGedicht?*

a) Wie hat dir dieses FinanzGedicht gefallen?

gar nicht :-(geht so :-| sehr gut :-D

b) Findest du, dass das Gedicht im passenden Kapitel steht?

O nein, weil... O ja

____

____

c) Was denkst du ist die Botschaft des Gedichts?

O Pildi will sagen, dass... O es gibt keine

____

____

d) Kannst du für Dich und Deine Finanzentscheidungen etwas aus dem Gedicht mitnehmen bzw. lernen?

O ja, und zwar... O nein

____

____

e) Lies jemandem das Gedicht vor und diskutiert Frage c)!

*Sende mir Deine Gedanken, Deine Meinung, Deinen Wunschtitel gerne per Mail, Instagram, Facebook oder Twitter und diskutiere mit! Scanne dazu einen der QR-Codes auf ***Seite 137!***

Progression - ein FinanzGedicht

Steigt dein Gehalt durch Inflation,
erfreut's den Staat dank Progression.

Weder Steuerkurve noch den Freibetrag,
man an die Teuerung koppeln mag.

So bezahlst du heute - leck die Katz',
mit nur 60k Brutto Spitzensteuersatz!*

Statt trocken Brot isst du bald Wiener,
denn jeder wird Spitzenverdiener!

Der Staat, mit allem drumherum,
ist so größter Freund der Teuerung.

Exponentiell geschröpft wird die Nation,
dank Steuern und der Progression.

FinanzGedichte, 20.10.2022
*Ab 58.597 €; auf jeden zusätzlichen
Euro Einkommen

Deine Gedanken zum FinanzGedicht?*

a) Wie hat dir dieses FinanzGedicht gefallen?

gar nicht :-(geht so :-| sehr gut :-D

b) Findest du, dass das Gedicht im passenden Kapitel steht?

O nein, weil... O ja

c) Was denkst du ist die Botschaft des Gedichts?

O Pildi will sagen, dass... O es gibt keine

d) Kannst du für Dich und Deine Finanzentscheidungen etwas aus dem Gedicht mitnehmen bzw. lernen?

O ja, und zwar... O nein

e) Lies jemandem das Gedicht vor und diskutiert Frage c)!

*Sende mir Deine Gedanken, Deine Meinung, Deinen Wunschtitel gerne per Mail, Instagram, Facebook oder Twitter und diskutiere mit! Scanne dazu einen der QR-Codes auf ***Seite 137!***

Deine Sicht auf Kapitel 2?

a) Welches Gedicht aus *diesem* Kapitel hat dir am besten gefallen?

Titel: ______________________________

weil... ______________________________

b) Wie würdest du einem Kind den Begriff „Akkumulieren“ erklären, wenn du wie Pildi ein Eichhörnchen wärst?

Akkumulieren ist, ______________________________

____

____

c) Hat sich **Deine** Sicht im Bereich Akkumulieren durch das Kapitel in irgendeinem Punkt verändert?

O ja, und zwar... O nein

____

____

____

d) Zeichne mithilfe von Pildi hier ein eigenes, kleines Bild zum Thema „Akkumulieren“!

3. Lamentieren

[laut und ausgiebig klagen, jammern]

Süße Trauben sind sauer - ein FinanzGedicht

"An diese Trauben da oben,
komm' ich einfach nicht ran,
verglichen mit jenen am Boden,
es eh nicht süß schmecken kann!"

"Woher willst du nur wissen,
dass die Hochtrauben sauer?
Ist's wie in der Fabel von Aesop,
nur DEINE Schutzmauer?"

Das Gefühl mich beschleicht,
du dich selbst belügst,
weil was DICH nicht erreicht,
du als sauer verfügst.

Lehnst du Reichtum als Süße,
seiner selbst wegen ab,
oder ist's Ausrede dafür,
dass DEINE Optionen zu knapp?

FinanzGedichte, 03.01.2022

Deine Gedanken zum FinanzGedicht?*

a) Wie hat dir dieses FinanzGedicht gefallen?

gar nicht :-(geht so :-| sehr gut :-D

b) Findest du, dass das Gedicht im passenden Kapitel steht?

O nein, weil... O ja

____

____

c) Was denkst du ist die Botschaft des Gedichts?

O Pildi will sagen, dass... O es gibt keine

____

____

d) Kannst du für Dich und Deine Finanzentscheidungen etwas aus dem Gedicht mitnehmen bzw. lernen?

O ja, und zwar... O nein

____

____

e) Lies jemandem das Gedicht vor und diskutiert Frage c)!

*Sende mir Deine Gedanken, Deine Meinung, Deinen Wunschtitel gerne per Mail, Instagram, Facebook oder Twitter und diskutiere mit! Scanne dazu einen der QR-Codes auf ***Seite 137!***

Wirtschaftskrise - ein FinanzGedicht

Ja ist denn schon wieder Krise,
letzte doch nicht lange her,
die Künstler zelten auf der Wiese,
der Wirt schreit: "Ich kann nicht mehr!"

Ist die Neue noch die Alte,
eigentlich ja auch egal,
es fehlen Chips in jeder Spalte,
und auf dem Bau das Mat'rial.

Ist nun wie bei allen Krisen,
auch die neue eine Chance,
für jene, die den Mut gepriesen,
statt zu schweben in der Trance.

FinanzGedichte, 21.02.2022
Gedichtswunsch von @finanzcockpit1

Deine Gedanken zum FinanzGedicht?*

a) Wie hat dir dieses FinanzGedicht gefallen?

gar nicht :-(geht so :-| sehr gut :-D

b) Findest du, dass das Gedicht im passenden Kapitel steht?

O nein, weil... O ja

____

____

c) Was denkst du ist die Botschaft des Gedichts?

O Pildi will sagen, dass... O es gibt keine

____

____

d) Kannst du für Dich und Deine Finanzentscheidungen etwas aus dem Gedicht mitnehmen bzw. lernen?

O ja, und zwar... O nein

____

____

e) Lies jemandem das Gedicht vor und diskutiert Frage c)!

*Sende mir Deine Gedanken, Deine Meinung, Deinen Wunschtitel gerne per Mail, Instagram, Facebook oder Twitter und diskutiere mit! Scanne dazu einen der QR-Codes auf ***Seite 137!***

Zu alt - ein FinanzGedicht

Du hast schon ein paar Altersflecken,
dein Rücken tut dich ständig necken.

Finanziell wird nicht mehr viel passieren;
"Warum jetzt noch investieren!?"

Nun, vielleicht kennst du Beate Sander,
die als Lehrerin, Autorin, Investor bekannt war?

Zur Börse kam sie erst in Pension*,
und doch mit 80 zur Multimillion!

Nun fragen ein paar: "Wo ist der Sinn?"
Sie lernte, blieb jung, und ging auf darin.

"Zu alt bist du nie!" Und mancher wirft ein:
"Aber zu jung kannst du auch nie sein!"

FinanzGedichte, 08.03.2022
anlässlich des Weltfrauentags
*Zu Reimzwecken etwas geflunkert; eigentlich mit 59.

Deine Gedanken zum FinanzGedicht?*

a) Wie hat dir dieses FinanzGedicht gefallen?

gar nicht :-(geht so :-| sehr gut :-D

b) Findest du, dass das Gedicht im passenden Kapitel steht?

O nein, weil... O ja

c) Was denkst du ist die Botschaft des Gedichts?

O Pildi will sagen, dass... O es gibt keine

d) Kannst du für Dich und Deine Finanzentscheidungen etwas aus dem Gedicht mitnehmen bzw. lernen?

O ja, und zwar... O nein

e) Lies jemandem das Gedicht vor und diskutiert Frage c)!

*Sende mir Deine Gedanken, Deine Meinung, Deinen Wunschtitel gerne per Mail, Instagram, Facebook oder Twitter und diskutiere mit! Scanne dazu einen der QR-Codes auf ***Seite 137!***

Hausrat ungleich Haftpflicht - ein FinanzGedicht

Wenn du ziehst aus deinem Haus,
muss der ganze Hausrat raus:

Das Bild vom Gogh, der Perserteppich,
der Schmuck sowie der Echtholz-Tisch.

Der Säbelzahn, das Seidentuch,
und das FinanzGedichte-Buch.

Den Wert all dieser Kostbarkeiten,
kannste versichern für Unwägbarkeiten.

Dafür gibt es in der Tat,
die Versicherung "Hausrat".

Trifft dein Tisch beim Umzug ein Gesicht,
hilft dir nur Gott - oder die "Haftpflicht".

FinanzGedichte, 11.03.2022
Gedichtswunsch von
@versicherungsvertreter_memes

Deine Gedanken zum FinanzGedicht?*

a) Wie hat dir dieses FinanzGedicht gefallen?

gar nicht :-(geht so :-| sehr gut :-D

b) Findest du, dass das Gedicht im passenden Kapitel steht?

O nein, weil...   O ja

c) Was denkst du ist die Botschaft des Gedichts?

O Pildi will sagen, dass...   O es gibt keine

d) Kannst du für Dich und Deine Finanzentscheidungen etwas aus dem Gedicht mitnehmen bzw. lernen?

O ja, und zwar...   O nein

e) Lies jemandem das Gedicht vor und diskutiert Frage c)!

*Sende mir Deine Gedanken, Deine Meinung, Deinen Wunschtitel gerne per Mail, Instagram, Facebook oder Twitter und diskutiere mit! Scanne dazu einen der QR-Codes auf *Seite 137!*

Nur die nicht warten - ein FinanzGedicht

Viele Bürger lamentieren:
"Preise für Butter explodieren!"

Doch statt aktiv etwas zu starten,
die meisten stur auf Hilfe warten.

Doch manche wollen investieren,
tun sich vielleicht schon informieren.

Nur nach wochenlangem Lesen,
ist außer Spesen nichts gewesen.

Allein geilster Depotvergleich,
macht eben langfristig nicht reich.

So ist es unschwer zu erraten:
Nur die nicht warten, kommen in den Garten!

FinanzGedichte, 17 03.2022

a) Wie hat dir dieses FinanzGedicht gefallen?

gar nicht :-(geht so :-| sehr gut :-D

b) Findest du, dass das Gedicht im passenden Kapitel steht?

O nein, weil... O ja

____

____

c) Was denkst du ist die Botschaft des Gedichts?

O Pildi will sagen, dass... O es gibt keine

____

____

d) Kannst du für Dich und Deine Finanzentscheidungen etwas aus dem Gedicht mitnehmen bzw. lernen?

O ja, und zwar... O nein

____

____

e) Lies jemandem das Gedicht vor und diskutiert Frage c)!

*Sende mir Deine Gedanken, Deine Meinung, Deinen Wunschtitel gerne per Mail, Instagram, Facebook oder Twitter und diskutiere mit! Scanne dazu einen der QR-Codes auf ***Seite 137!***

Die Uhr des Mr. Spock - ein FinanzGedicht

Leonard Simon Nimoy*,
bekannt als Mr. Spock,
blieb sich seines Lebens troy,
mit seiner Armband-clock.

Diese Uhr war sehr besonders,
zeigte ihm wie jedem Dieb,
rückwärts liefen ihre Zeiger,
wie viel Lebenszeit ihm blieb.

Seine Lebens-Erwartung,
ließ er zuvor studieren,
die Lebensversicherung,
half da gern beim Kalkulieren.

So war ihm stets präsent,
dass er niemals Zeit gewinnt,
und mit Blick auf seine Händ',
wie seine Lebenszeit verrinnt.

FinanzGedichte, 05.04.2022
*Leonard Simon Nimoy (1931-2015),
bekannt aus Star Trek

Deine Gedanken zum FinanzGedicht?*

a) Wie hat dir dieses FinanzGedicht gefallen?

gar nicht :-(geht so :-| sehr gut :-D

b) Findest du, dass das Gedicht im passenden Kapitel steht?

O nein, weil... O ja

c) Was denkst du ist die Botschaft des Gedichts?

O Pildi will sagen, dass... O es gibt keine

d) Kannst du für Dich und Deine Finanzentscheidungen etwas aus dem Gedicht mitnehmen bzw. lernen?

O ja, und zwar... O nein

e) Lies jemandem das Gedicht vor und diskutiert Frage c)!

*Sende mir Deine Gedanken, Deine Meinung, Deinen Wunschtitel gerne per Mail, Instagram, Facebook oder Twitter und diskutiere mit! Scanne dazu einen der QR-Codes auf ***Seite 137!***

Embargo - ein FinanzGedicht

Kein Gas von hier, kein Öl von dort,
ich kauf woanders ab sofort!

Dort ist es zwar dreimal so teuer,
doch das Land kein Ungeheuer!

Doch grüble ich: sofern ich kaufe,
komm ich vom Regen in die Traufe?

Und schadet's mir mehr als dem Feind;
schlechter gemacht als gut gemeint?

Kaufen Dritte was ich nicht genommen,
ist dann per Saldo nichts gewonnen?

Bin ich in Zukunft konsequent,
auch wenn ein Freund Erde verbrennt?

Embargo in globaler Wirtschaftswelt;
so viel verspricht - und wenig hält?

FinanzGedichte, 25.04.2022

Deine Gedanken zum FinanzGedicht?*

a) Wie hat dir dieses FinanzGedicht gefallen?

gar nicht :-(geht so :-| sehr gut :-D

b) Findest du, dass das Gedicht im passenden Kapitel steht?

O nein, weil... O ja

____

____

c) Was denkst du ist die Botschaft des Gedichts?

O Pildi will sagen, dass... O es gibt keine

____

____

d) Kannst du für Dich und Deine Finanzentscheidungen etwas aus dem Gedicht mitnehmen bzw. lernen?

O ja, und zwar... O nein

____

____

e) Lies jemandem das Gedicht vor und diskutiert Frage c)!

*Sende mir Deine Gedanken, Deine Meinung, Deinen Wunschtitel gerne per Mail, Instagram, Facebook oder Twitter und diskutiere mit! Scanne dazu einen der QR-Codes auf ***Seite 137!***

Übergewinn - ein FinanzGedicht

Im Wörtchen "Übergewinn",
steckt selbst schon Sinnloses drin.

Folglich dem Polit-Gemäuer,
entspringt die "Übergewinn-Steuer!"

Was ist das "Böse", was das "Über",
was noch gut und was schon drüber?

Außerdem, mancher beteuert,
wird "Gut" wie "Böse" schon besteuert!?

Welcher Hirte kauft sich noch mehr Schaf',
wenn er den Risiko-Lohn nicht behalten darf?

Heute steht Branchen der Cash bis zum Kinn,
wer ersetzt morgen den Untergewinn?

Alles so einfach und so plausibel,
all diese Fragen sind nur penibel!?

"Übergewinn-Steuer" findet man nur,
wo von Langfrist-Denken keine Spur?

FinanzGedichte, 21.06.2022

Deine Gedanken zum FinanzGedicht?*

a) Wie hat dir dieses FinanzGedicht gefallen?

gar nicht :-(geht so :-| sehr gut :-D

b) Findest du, dass das Gedicht im passenden Kapitel steht?

O nein, weil... O ja

c) Was denkst du ist die Botschaft des Gedichts?

O Pildi will sagen, dass... O es gibt keine

d) Kannst du für Dich und Deine Finanzentscheidungen etwas aus dem Gedicht mitnehmen bzw. lernen?

O ja, und zwar... O nein

e) Lies jemandem das Gedicht vor und diskutiert Frage c)!

*Sende mir Deine Gedanken, Deine Meinung, Deinen Wunschtitel gerne per Mail, Instagram, Facebook oder Twitter und diskutiere mit! Scanne dazu einen der QR-Codes auf ***Seite 137!***

Alles muss raus! - ein FinanzGedicht

Jetzt hab' ich die Hosen voll,
der Markt läuft nicht wie er soll!

Das Rot wird größer jede Woche,
innerlich ich langsam koche.

Plötzlich Probleme überall;
Zinsen, Krieg und Geldverfall.

Meine Meinung ist nun klar,
mein Depot mach ich nun bar!

Alles sieht beschissen aus,
daher muss auch alles raus!

Nun kann ich wieder friedlich schlafen,
und frage mich zwischen den Schafen:

Hatt' ich jemals eine Strategie,
oder renn' ich bloß wie Vieh?!

FinanzGedichte, 26.07.2022

Deine Gedanken zum FinanzGedicht?*

a) Wie hat dir dieses FinanzGedicht gefallen?

gar nicht :-(geht so :-| sehr gut :-D

b) Findest du, dass das Gedicht im passenden Kapitel steht?

O nein, weil... O ja

____

____

c) Was denkst du ist die Botschaft des Gedichts?

O Pildi will sagen, dass... O es gibt keine

____

____

d) Kannst du für Dich und Deine Finanzentscheidungen etwas aus dem Gedicht mitnehmen bzw. lernen?

O ja, und zwar... O nein

____

____

e) Lies jemandem das Gedicht vor und diskutiert Frage c)!

*Sende mir Deine Gedanken, Deine Meinung, Deinen Wunschtitel gerne per Mail, Instagram, Facebook oder Twitter und diskutiere mit! Scanne dazu einen der QR-Codes auf ***Seite 137!***

Geistig behindert - ein FinanzGedicht

Thomas Edison war noch klein,
da flog ein Schul-Brief in sein Haus hinein.

Thomas spitzte gleich sein Ohr,
und seine Mutter las ihm vor:

"Ihr toller Sohn intelligent derlei,
kein Lehrer bringt ihm noch was bei!

Ihn zu fördern klappt hier nicht,
erteilen Sie Hausunterricht!"

Später wurde ihr Sohn als Erfinder bekannt,
der auch die Glühlampe erfand.

Im Nachlass seiner Mutter, die entschlief,
fand er - und las - den alten Brief:

"Geistig behindert ist ihr Kind,
Ihr Sohn muss weg - und zwar geschwind!"*

Edison weinte bitterlich;
im Schein der Lampe auf dem Tisch.

FinanzGedichte, 04.08.2022

*diese beliebte Geschichte ist teilweise frei erfunden. Einen Brief gab es nie. Jedoch wurde Edison tatsächlich nach wenigen Monaten Schulbesuch fortan von seiner Mutter zuhause unterrichtet, nachdem er von einem Lehrer als "verwirrt" bezeichnet und durch die Mutter von der Schule abgemeldet wurde.

Deine Gedanken zum FinanzGedicht?*

a) Wie hat dir dieses FinanzGedicht gefallen?

gar nicht :-(geht so :-| sehr gut :-D

b) Findest du, dass das Gedicht im passenden Kapitel steht?

O nein, weil... O ja

---

c) Was denkst du ist die Botschaft des Gedichts?

O Pildi will sagen, dass... O es gibt keine

---

d) Kannst du für Dich und Deine Finanzentscheidungen etwas aus dem Gedicht mitnehmen bzw. lernen?

O ja, und zwar... O nein

---

e) Lies jemandem das Gedicht vor und diskutiert Frage c)!

*Sende mir Deine Gedanken, Deine Meinung, Deinen Wunschtitel gerne per Mail, Instagram, Facebook oder Twitter und diskutiere mit! Scanne dazu einen der QR-Codes auf ***Seite 137!***

Armut sinkt - ein FinanzGedicht

Die Armut weltweit geht zurück,
kaum einer spricht von diesem Glück!

Menschen plärren lieber unbeirrt,
dass alles nur noch schlimmer wird!

Gute News verkaufen nicht,
Katastrophen sind ihr Leibgericht!

Doch Fortschritt ist nicht aufzuhalten,
trotz der Bilder welche Angst gestalten.

So lebten vor 220 Jahren auf der Welt,
85 von 100 Menschen im Armutszelt.

Nur <10 sind bis heut' nicht entkommen;
müssen mit <2 Dollar pro Tag auskommen!*

Uns're Sicht der Welt ist sehr lokal,
vieles bessert sich global.

FinanzGedichte, 12.09.2022

*Definiert als extreme Armut. Ähnlich positiv die Entwicklung in den höheren Einkommensstufen.
Buchtipp: Roslin (2018): Factfulness

Deine Gedanken zum FinanzGedicht?*

a) Wie hat dir dieses FinanzGedicht gefallen?

gar nicht :-(geht so :-| sehr gut :-D

b) Findest du, dass das Gedicht im passenden Kapitel steht?

O nein, weil... O ja

____

____

c) Was denkst du ist die Botschaft des Gedichts?

O Pildi will sagen, dass... O es gibt keine

____

____

d) Kannst du für Dich und Deine Finanzentscheidungen etwas aus dem Gedicht mitnehmen bzw. lernen?

O ja, und zwar... O nein

____

____

e) Lies jemandem das Gedicht vor und diskutiert Frage c)!

*Sende mir Deine Gedanken, Deine Meinung, Deinen Wunschtitel gerne per Mail, Instagram, Facebook oder Twitter und diskutiere mit! Scanne dazu einen der QR-Codes auf ***Seite 137!***

Deine Sicht auf Kapitel 3?

a) Welches Gedicht aus *diesem* Kapitel hat dir am besten gefallen?

Titel: ____

weil... ____

b) Wie würdest du einem Kind den Begriff „Lamentieren" erklären, wenn du wie Pildi ein Eichhörnchen wärst?

Lamentieren ist, ________________________________

____

____

c) Hat sich **Deine** Sicht im Bereich Lamentieren durch das Kapitel in irgendeinem Punkt verändert?

O ja, und zwar... O nein

____

____

____

d) Zeichne mithilfe von Pildi hier ein eigenes, kleines Bild zum Thema „Lamentieren"!

4. Investieren

[Geld zwecks Vermehrung langfristig in Vermögenswerte anlegen; Zeit, Geduld, (Denk-)Arbeit o. Ä. für ein gesetztes Ziel aufbringen]

Fuchs und Igel - ein FinanzGedicht

In der Fabel Fuchs und Igel,
trafen jene sich am Hügel.

"Igel, du bist sehr durchtrieben,
trägst deine Waffen trotz dem Frieden!"

Deine Waffen solltest du ablegen,
sowie dein Fell mir übergeben!"

"Ich mache mich sofort daran,
falls deine Zähn' ich ziehen kann!"

So halte Cash dir nicht zu knapp,
und leg nicht alle Waffen ab.

FinanzGedichte, 24.01.2022

Deine Gedanken zum FinanzGedicht?*

a) Wie hat dir dieses FinanzGedicht gefallen?

gar nicht :-(geht so :-| sehr gut :-D

b) Findest du, dass das Gedicht im passenden Kapitel steht?

O nein, weil... O ja

____

____

c) Was denkst du ist die Botschaft des Gedichts?

O Pildi will sagen, dass... O es gibt keine

____

____

d) Kannst du für Dich und Deine Finanzentscheidungen etwas aus dem Gedicht mitnehmen bzw. lernen?

O ja, und zwar... O nein

____

____

e) Lies jemandem das Gedicht vor und diskutiert Frage c)!

*Sende mir Deine Gedanken, Deine Meinung, Deinen Wunschtitel gerne per Mail, Instagram, Facebook oder Twitter und diskutiere mit! Scanne dazu einen der QR-Codes auf ***Seite 137!***

Tapering - ein FinanzGedicht

Das Geld floss Jahre wie in Strömen,
man konnte sich daran gewöhnen.

Es schwappte assetprice-inflation,
rüber in fast jede nation.

Niemand störte sich daran,
nicht großer und nicht kleiner Mann.

Doch mit Covid samt dem Geld,
nun Inflation in aller Welt!

Die Notenbank-Bilanz so groß;
wird sie die Geister wieder los?

Die Falken kämpfen mit den Tauben,
und die Growth-Stocks* machen Augen.

FinanzGedichte, 27.01.2022

*Aktien von oft hochverschuldeten oder (noch) unprofitablen Unternehmen, die aufgrund ihres Wachstums gerne als besonders aussichtsreich gelten.

Tapering = geldpolitische Maßnahme von Notenbanken, um dem Kapitalmarkt Liquidität zu entziehen.

Deine Gedanken zum FinanzGedicht?*

a) Wie hat dir dieses FinanzGedicht gefallen?

gar nicht :-(geht so :-| sehr gut :-D

b) Findest du, dass das Gedicht im passenden Kapitel steht?

O nein, weil... O ja

____

____

c) Was denkst du ist die Botschaft des Gedichts?

O Pildi will sagen, dass... O es gibt keine

____

____

d) Kannst du für Dich und Deine Finanzentscheidungen etwas aus dem Gedicht mitnehmen bzw. lernen?

O ja, und zwar... O nein

____

____

e) Lies jemandem das Gedicht vor und diskutiert Frage c)!

*Sende mir Deine Gedanken, Deine Meinung, Deinen Wunschtitel gerne per Mail, Instagram, Facebook oder Twitter und diskutiere mit! Scanne dazu einen der QR-Codes auf ***Seite 137!***

Von Bullen und Bären* - ein FinanzGedicht

Selten triffst du Bär'n zu zweit,
stehen auf gemütlich' Einsamkeit.

Nur in Panik schlagen sie von oben,
alles flugs in Grund und Boden.

Die Bullen, auch bekannt als Stiere,
sind ausgeprägte Herdentiere.

Schnelle Moves bringen sie rasch zum Toben,
sie stoßen dann mit Macht nach oben.

„Wer ist nun stärker?“ fragst du dich,
denkst du kurz- statt langfristig?

FinanzGedichte, 29.01.2022
Gedichtswunsch von @semas18
*Bulle und Bär sind Symbole für steigende (Bullenmarkt/Hausse) bzw. fallende (Bärenmarkt/Baisse) Kurse an den Börsen oder für entsprechend optimistisch bzw. pessimistisch eingestellte Anleger.

Deine Gedanken zum FinanzGedicht?*

a) Wie hat dir dieses FinanzGedicht gefallen?

gar nicht :-(geht so :-| sehr gut :-D

b) Findest du, dass das Gedicht im passenden Kapitel steht?

O nein, weil... O ja

____

____

c) Was denkst du ist die Botschaft des Gedichts?

O Pildi will sagen, dass... O es gibt keine

____

____

d) Kannst du für Dich und Deine Finanzentscheidungen etwas aus dem Gedicht mitnehmen bzw. lernen?

O ja, und zwar... O nein

____

____

e) Lies jemandem das Gedicht vor und diskutiert Frage c)!

*Sende mir Deine Gedanken, Deine Meinung, Deinen Wunschtitel gerne per Mail, Instagram, Facebook oder Twitter und diskutiere mit! Scanne dazu einen der QR-Codes auf ***Seite 137!***

Finanz-Handwerker - ein FinanzGedicht

Wie der Bäcker formt das Brot,
wie der Maurer senkt das Lot.

Wie der Klempner löst den Stau,
wie der Maler mischt das Blau.

Wie der Schlosser Bleche biegt,
wie der Goldschmied Gold abwiegt.

Wie der Bergmann haut im Berg,
wie die Hand erschafft ihr Werk.

So dein' Finanzen form' per Hand,
nimm jetzt das Werkzeug von der Wand!

FinanzGedichte, 10.02.2022
Gedichtswunsch von @financehandmade

Deine Gedanken zum FinanzGedicht?*

a) Wie hat dir dieses FinanzGedicht gefallen?

gar nicht :-(geht so :-| sehr gut :-D

b) Findest du, dass das Gedicht im passenden Kapitel steht?

O nein, weil... O ja

____

____

c) Was denkst du ist die Botschaft des Gedichts?

O Pildi will sagen, dass... O es gibt keine

____

____

d) Kannst du für Dich und Deine Finanzentscheidungen etwas aus dem Gedicht mitnehmen bzw. lernen?

O ja, und zwar... O nein

____

____

e) Lies jemandem das Gedicht vor und diskutiert Frage c)!

*Sende mir Deine Gedanken, Deine Meinung, Deinen Wunschtitel gerne per Mail, Instagram, Facebook oder Twitter und diskutiere mit! Scanne dazu einen der QR-Codes auf ***Seite 137!***

Die Dividende - ein FinanzGedicht

Mit der Dividende, ist's wie beim Fisch;
fütterst du ihn, legt er Eier für dich.

Meistens laicht er ein- bis viermal pro Jahr,
je nachdem, wann seine Versammlung so war.

Kommen Fische zu dir jeden Monat geschwommen,
liefern sie - bedingungslos - Grundeinkommen.

Der Dividendenlaich wächst im Schnitt Jahr für Jahr,
die automatische Gehaltserhöhung ist wunderbar!

Doch solltest du nicht auf Dividenden nur schielen,
sie können auch täuschen, so manche zerfielen.

So wähle die Fische, stets mit Bedacht,
und bedenke der Staat, nimmt dir von der Tracht.

FinanzGedichte, 05.03.2022
Gedichtswunsch von @aktiengram
Im Sinne der saar-pfälzischen Freundschaft.

Deine Gedanken zum FinanzGedicht?*

a) Wie hat dir dieses FinanzGedicht gefallen?

gar nicht :-(geht so :-| sehr gut :-D

b) Findest du, dass das Gedicht im passenden Kapitel steht?

O nein, weil... O ja

____

____

c) Was denkst du ist die Botschaft des Gedichts?

O Pildi will sagen, dass... O es gibt keine

____

____

d) Kannst du für Dich und Deine Finanzentscheidungen etwas aus dem Gedicht mitnehmen bzw. lernen?

O ja, und zwar... O nein

____

____

e) Lies jemandem das Gedicht vor und diskutiert Frage c)!

*Sende mir Deine Gedanken, Deine Meinung, Deinen Wunschtitel gerne per Mail, Instagram, Facebook oder Twitter und diskutiere mit! Scanne dazu einen der QR-Codes auf ***Seite 137!***

ESG - ein FinanzGedicht

Alles ist grün angehaucht,
gar in Trendy-Grün getaucht!

Du kaufst nur Fonds mit ESG,
bist kein gewissenloses Vieh!

Das Kürzel willst du nie mehr missen,
denn es ist so gut für das Gewissen!

Zwar ist nun dein Gewissen rein,
doch meistens trügt der grüne Schein.

Was ist noch grün, was eher braun?
Die Windräder? Oder der Baum?

Und Bogles passive Idee,
ist damit ohnehin passé.

Tu doch dein eig'nes ESG gestalten:
Mit Deinem Konsumverhalten.

FinanzGedichte, 29.03.2022
ESG = Environmental, Social, Governance; Kriterien für "nachhaltiges" Investieren.

Deine Gedanken zum FinanzGedicht?*

a) Wie hat dir dieses FinanzGedicht gefallen?

gar nicht :-(geht so :-| sehr gut :-D

b) Findest du, dass das Gedicht im passenden Kapitel steht?

O nein, weil... O ja

____

____

c) Was denkst du ist die Botschaft des Gedichts?

O Pildi will sagen, dass... O es gibt keine

____

____

d) Kannst du für Dich und Deine Finanzentscheidungen etwas aus dem Gedicht mitnehmen bzw. lernen?

O ja, und zwar... O nein

____

____

e) Lies jemandem das Gedicht vor und diskutiert Frage c)!

*Sende mir Deine Gedanken, Deine Meinung, Deinen Wunschtitel gerne per Mail, Instagram, Facebook oder Twitter und diskutiere mit! Scanne dazu einen der QR-Codes auf ***Seite 137!***

Strategie oder Vieh - ein FinanzGedicht

Manche laufen ungehemmt,
stets der Herde nach; dem Trend.

Solch Herdentrieb hält länger an,
als man vorab erwarten kann.

Je schneller nun die Herde rennt,
je mehr folgen ihrem friend.

So blind geführt vom Massenlauf,
macht kein Vieh mehr die Augen auf.

Schließlich läuft fast jedes Vieh,
fernab seiner Strategie.

Und so kommt's wie's kommen muss;
Das Vieh ertrinkt im großen Fluss.

Drum frag dich manchmal - besser als nie:
"Lauf ich wie Vieh, oder mit Strategie?"

FinanzGedichte, 31.03.2022

Deine Gedanken zum FinanzGedicht?*

a) Wie hat dir dieses FinanzGedicht gefallen?

gar nicht :-(geht so :-| sehr gut :-D

b) Findest du, dass das Gedicht im passenden Kapitel steht?

O nein, weil... O ja

____

____

c) Was denkst du ist die Botschaft des Gedichts?

O Pildi will sagen, dass... O es gibt keine

____

____

d) Kannst du für Dich und Deine Finanzentscheidungen etwas aus dem Gedicht mitnehmen bzw. lernen?

O ja, und zwar... O nein

____

____

e) Lies jemandem das Gedicht vor und diskutiert Frage c)!

*Sende mir Deine Gedanken, Deine Meinung, Deinen Wunschtitel gerne per Mail, Instagram, Facebook oder Twitter und diskutiere mit! Scanne dazu einen der QR-Codes auf ***Seite 137!***

Mein ETF ist mein Chef - ein FinanzGedicht

Mit deinem Chef kommst du gut klar,
oder ist er sonderbar?

Lobt er dich auch hin und wieder,
oder kritisiert er lieber?

Erhöht er jährlich deinen Lohn*,
oder musst du betteln wie ein Gnom?

Er lässt dich frei die Zeit gestalten,
oder stets Aufgaben verwalten?

Dies wünschst du dir von einem Chef?
Kür' dazu deinen ETF!

FinanzGedichte, 29.04.2022
*nach Inflation

Deine Gedanken zum FinanzGedicht?*

a) Wie hat dir dieses FinanzGedicht gefallen?

gar nicht :-(geht so :-| sehr gut :-D

b) Findest du, dass das Gedicht im passenden Kapitel steht?

O nein, weil... O ja

____

____

c) Was denkst du ist die Botschaft des Gedichts?

O Pildi will sagen, dass... O es gibt keine

____

____

d) Kannst du für Dich und Deine Finanzentscheidungen etwas aus dem Gedicht mitnehmen bzw. lernen?

O ja, und zwar... O nein

____

____

e) Lies jemandem das Gedicht vor und diskutiert Frage c)!

*Sende mir Deine Gedanken, Deine Meinung, Deinen Wunschtitel gerne per Mail, Instagram, Facebook oder Twitter und diskutiere mit! Scanne dazu einen der QR-Codes auf ***Seite 137!***

DEPPot - ein FinanzGedicht

Du kaufst mit deiner Broker-App,
allen Influencer-Nepp.

Wie Sticker tust du Logos sammeln,
und damit deine Posts verrammeln.

Kaufst Aktien auch nach Divi-Tagen,
sollst jeden Monat Cashflow haben.

Verschwimmen tun die Farben dann,
beim Depot-Kuchendiagramm.

So offenbart - statt Strategie,
dein Depot Sammel-Manie.

Schließlich ist dein Broker froh,
und dein Portfolio ein DEPPot.

FinanzGedichte, 12.06.2022
Gedichtswunsch von @papas.buecherregal

Deine Gedanken zum FinanzGedicht?*

a) Wie hat dir dieses FinanzGedicht gefallen?

gar nicht :-(geht so :-| sehr gut :-D

b) Findest du, dass das Gedicht im passenden Kapitel steht?

O nein, weil... O ja

____

____

c) Was denkst du ist die Botschaft des Gedichts?

O Pildi will sagen, dass... O es gibt keine

____

____

d) Kannst du für Dich und Deine Finanzentscheidungen etwas aus dem Gedicht mitnehmen bzw. lernen?

O ja, und zwar... O nein

____

____

e) Lies jemandem das Gedicht vor und diskutiert Frage c)!

*Sende mir Deine Gedanken, Deine Meinung, Deinen Wunschtitel gerne per Mail, Instagram, Facebook oder Twitter und diskutiere mit! Scanne dazu einen der QR-Codes auf ***Seite 137!***

Bock auf Stock - ein FinanzGedicht

Wenn die Rede ist von Stock,
denken viele gleich an Rock.

Doch das ist zu kurz gegriffen,
der Begriff falsch angeschliffen.

Denn Aktie heißt auf Englisch stock,
und auf's Kaufen hab ich Bock!

Doch Broker-Apps dazu verlocken,
mein ganzes Restgeld zu verzocken.

Dressieren mich, kauf' mehr und mehr,
renn' blind den Stöckchen hinterher.

Am Ende hab' ich graue Löckchen,
weg ist mein Geld und gar mein Röckchen!

Darauf hab ich doch kein' Bock;
kauf' gleich den Wald anstatt den Stock.

FinanzGedichte, 27.06.2022

Deine Gedanken zum FinanzGedicht?*

a) Wie hat dir dieses FinanzGedicht gefallen?

gar nicht :-(geht so :-| sehr gut :-D

b) Findest du, dass das Gedicht im passenden Kapitel steht?

O nein, weil... O ja

____

____

c) Was denkst du ist die Botschaft des Gedichts?

O Pildi will sagen, dass... O es gibt keine

____

____

d) Kannst du für Dich und Deine Finanzentscheidungen etwas aus dem Gedicht mitnehmen bzw. lernen?

O ja, und zwar... O nein

____

____

e) Lies jemandem das Gedicht vor und diskutiert Frage c)!

*Sende mir Deine Gedanken, Deine Meinung, Deinen Wunschtitel gerne per Mail, Instagram, Facebook oder Twitter und diskutiere mit! Scanne dazu einen der QR-Codes auf ***Seite 137!***

Deine Sicht auf Kapitel 4?

a) Welches Gedicht aus *diesem* Kapitel hat dir am besten gefallen?

Titel: ______________________________

weil... ______________________________

b) Wie würdest du einem Kind den Begriff „Investieren“ erklären, wenn du wie Pildi ein Eichhörnchen wärst?

Investieren ist, ______________________________

____

____

c) Hat sich **Deine** Sicht im Bereich Investieren durch das Kapitel in irgendeinem Punkt verändert?

O ja, und zwar... O nein

____

____

____

d) Zeichne mithilfe von Pildi hier ein eigenes, kleines Bild zum Thema „Investieren“!

5. Spekulieren

[hoffen, etwas zu erreichen oder zu erlangen]

10x oder nix - ein FinanzGedicht

„Du freust dich über acht Prozent?
Tenbagger* sind dir völlig fremd?

Dann komm in meine Gruppe fix,
Bei uns gilt: 10x oder nix!

Wir setzen rein auf heiße Eisen,
900% könn‘n wir beweisen!“

„10x das klingt sowie im Traum,
Nur über welche Zeit und Raum?!

Bei Einsatz x geht‘s um wie viele?
Lieb schließlich nur’s Antifragile!

Betreib‘ doch lieber selbst das Spiel,
Denn das x selbst entscheidet viel.“

FinanzGedichte, 13.01.2022

*10x bedeutet eine Verzehnfachung des einsetzten Kapitals X. Entsprechende Aktien werden auch Tenbagger genannt.

Deine Gedanken zum FinanzGedicht?*

a) Wie hat dir dieses FinanzGedicht gefallen?

gar nicht :-(geht so :-| sehr gut :-D

b) Findest du, dass das Gedicht im passenden Kapitel steht?

O nein, weil... O ja

____

____

c) Was denkst du ist die Botschaft des Gedichts?

O Pildi will sagen, dass... O es gibt keine

____

____

d) Kannst du für Dich und Deine Finanzentscheidungen etwas aus dem Gedicht mitnehmen bzw. lernen?

O ja, und zwar... O nein

____

____

e) Lies jemandem das Gedicht vor und diskutiert Frage c)!

*Sende mir Deine Gedanken, Deine Meinung, Deinen Wunschtitel gerne per Mail, Instagram, Facebook oder Twitter und diskutiere mit! Scanne dazu einen der QR-Codes auf ***Seite 137!***

NFT - ein FinanzGedicht

NFT* in aller Munde,
steinreich in nur einer Stunde.

Die Gier ist wieder grenzenlos,
das Gehirn folgt rigoros.

Furze in ein Mikrofon,
verkaufe die Flatulation.

Male einen Pixelhaufen,
irgendjemand wird's schon kaufen.

Hau 'ne Skulptur die unsichtbar,
Hauptsache sie's nicht anfassbar.

Wie der Hype kommt, so wird er enden;
unfassbar wenig in sehr vielen Händen.

FinanzGedichte, 31.01.2022

*Ein Non-Fungible Token (NFT), übersetzt etwa „nicht austauschbarer digitaler Vermögenswert", ist ein digitaler Besitznachweis von materiellen oder immateriellen Gütern (z. B. Kunstwerke).

Deine Gedanken zum FinanzGedicht?*

a) Wie hat dir dieses FinanzGedicht gefallen?

gar nicht :-(geht so :-| sehr gut :-D

b) Findest du, dass das Gedicht im passenden Kapitel steht?

O nein, weil... O ja

____

____

c) Was denkst du ist die Botschaft des Gedichts?

O Pildi will sagen, dass... O es gibt keine

____

____

d) Kannst du für Dich und Deine Finanzentscheidungen etwas aus dem Gedicht mitnehmen bzw. lernen?

O ja, und zwar... O nein

____

____

e) Lies jemandem das Gedicht vor und diskutiert Frage c)!

*Sende mir Deine Gedanken, Deine Meinung, Deinen Wunschtitel gerne per Mail, Instagram, Facebook oder Twitter und diskutiere mit! Scanne dazu einen der QR-Codes auf ***Seite 137!***

Wie gewonnen - ein FinanzGedicht

Vor zwei Jahren hast du dich besonnen,
und mit dem Aktienkauf begonnen.

Was kauft der Neuling in der Welt?
Klar; was gut läuft und gut gefällt.

So "musste" ein "Investor" haben:
Was mit Growth sprich Cathies Gnaden.

Nun ist gebrochen jäh der Trend,
und vieles down 80 Prozent.

Wie gewonnen, so zeronnen,
und wieder neu von vorn begonnen.

FinanzGedichte, 14.02.2022

*Die Fondmanagerin Cathie Wood galt insbesondere 2021 als DIE Investorin schlechthin und beinah als der bessere Warren Buffet. Seit dem Hoch am 12.02.2021 hat ihr bekanntester Fonds bis heute 79,90% an Wert verloren. (Stand 01.01.2023)

Deine Gedanken zum FinanzGedicht?*

a) Wie hat dir dieses FinanzGedicht gefallen?

gar nicht :-(geht so :-| sehr gut :-D

b) Findest du, dass das Gedicht im passenden Kapitel steht?

O nein, weil... O ja

c) Was denkst du ist die Botschaft des Gedichts?

O Pildi will sagen, dass... O es gibt keine

d) Kannst du für Dich und Deine Finanzentscheidungen etwas aus dem Gedicht mitnehmen bzw. lernen?

O ja, und zwar... O nein

e) Lies jemandem das Gedicht vor und diskutiert Frage c)!

*Sende mir Deine Gedanken, Deine Meinung, Deinen Wunschtitel gerne per Mail, Instagram, Facebook oder Twitter und diskutiere mit! Scanne dazu einen der QR-Codes auf ***Seite 137!***

Ali Baba - ein FinanzGedicht*

Als Ali Babas Vater starb,
war dessen Erbe leider karg.

Nach dem Erbe es so kam:
Er und sein Bruder wurden arm.

Dann fand er eine Räuberkammer,
gefüllt mit Schätzen, Gold und Amber.

Er nahm zwei Hände voll mit Gold,
und war nun reich - so wie gewollt.

Sein Bruder tat ihn sehr beneiden,
erpresste das Versteck zu zeigen.

Auch er Sprach "Sesam öffne dich",
doch durch seine Gier verhob er sich.

Nun als die 40 Räuber kamen,
kannte ihr Schwert kein Erbarmen.

Ali Baba fand ihn ohne Kopf,
rächte sich später Schopf für Schopf.

Und die Moral von der Geschicht':
Kopflose Gier rentiert sich nicht.

FinanzGedichte, 24.03.2022
Gedichtswunsch von @kofinanzen
*vgl. die Geschichte "Ali Baba und die 40 Räuber"

Deine Gedanken zum FinanzGedicht?*

a) Wie hat dir dieses FinanzGedicht gefallen?

gar nicht :-(geht so :-| sehr gut :-D

b) Findest du, dass das Gedicht im passenden Kapitel steht?

O nein, weil... O ja

____

____

c) Was denkst du ist die Botschaft des Gedichts?

O Pildi will sagen, dass... O es gibt keine

____

____

d) Kannst du für Dich und Deine Finanzentscheidungen etwas aus dem Gedicht mitnehmen bzw. lernen?

O ja, und zwar... O nein

____

____

e) Lies jemandem das Gedicht vor und diskutiert Frage c)!

*Sende mir Deine Gedanken, Deine Meinung, Deinen Wunschtitel gerne per Mail, Instagram, Facebook oder Twitter und diskutiere mit! Scanne dazu einen der QR-Codes auf ***Seite 137!***

Prognose - ein FinanzGedicht

Der Sektor, der hat Potenzial,
die Aussicht dafür ist genial!

Diese Aktie wird ein Börsenstar,
ihr forward PE tiefer als die Saar!

Die Zeit der Divi-Aktien ist vorüber,
wer Wachstumsaktien kauft ist klüger!

Erdöl ist totes Kapital,
Wasserstoff nun erste Wahl!

Selbst der beste Wirtschaftsweise,
errät das BIP in keiner Weise.

Die Prognose geht meist in die Hose,
selten fest - meist eher lose.

FinanzGedichte, 14.04.2022

Deine Gedanken zum FinanzGedicht?*

a) Wie hat dir dieses FinanzGedicht gefallen?

gar nicht :-(geht so :-| sehr gut :-D

b) Findest du, dass das Gedicht im passenden Kapitel steht?

O nein, weil... O ja

____

____

c) Was denkst du ist die Botschaft des Gedichts?

O Pildi will sagen, dass... O es gibt keine

____

____

d) Kannst du für Dich und Deine Finanzentscheidungen etwas aus dem Gedicht mitnehmen bzw. lernen?

O ja, und zwar... O nein

____

____

e) Lies jemandem das Gedicht vor und diskutiert Frage c)!

*Sende mir Deine Gedanken, Deine Meinung, Deinen Wunschtitel gerne per Mail, Instagram, Facebook oder Twitter und diskutiere mit! Scanne dazu einen der QR-Codes auf ***Seite 137!***

Der Hedgefonds - ein FinanzGedicht

Er kann alles tun,
und alles lassen.
Manche ihn lieben,
and're hassen.

Ihn gibt's in long,
sowie in short,
in Arbitrage,
so weiter fort.

Nach Mehr-Rendite,
hört er sich an,
die er meist,
nicht halten kann.

So bleibe treu,
als kleiner Otto,
deinem Plan,
im Passiv-Motto.

FinanzGedichte, 03.05.2022
Gedichtswunsch von @prof.goldgraf

Deine Gedanken zum FinanzGedicht?*

a) Wie hat dir dieses FinanzGedicht gefallen?

gar nicht :-(geht so :-| sehr gut :-D

b) Findest du, dass das Gedicht im passenden Kapitel steht?

O nein, weil... O ja

c) Was denkst du ist die Botschaft des Gedichts?

O Pildi will sagen, dass... O es gibt keine

d) Kannst du für Dich und Deine Finanzentscheidungen etwas aus dem Gedicht mitnehmen bzw. lernen?

O ja, und zwar... O nein

e) Lies jemandem das Gedicht vor und diskutiert Frage c)!

*Sende mir Deine Gedanken, Deine Meinung, Deinen Wunschtitel gerne per Mail, Instagram, Facebook oder Twitter und diskutiere mit! Scanne dazu einen der QR-Codes auf ***Seite 137!***

Angst - ein FinanzGedicht

Angst ist eine Emotion,
sie teilt sich mit der Gier den Thron.

Regiert wird nie zur selben Zeit;
macht Gier sich dünn macht Angst sich breit.

Gier feiert man in der Gemeinde,
mit der Angst kämpfst du alleine.

Statt schlimmstenfalls die Euphorie,
befördert Angst Lobotomie.

Die Angst ist Börsenemotion,
blockiere ihren Sprung zum Thron!

FinanzGedichte, 23.05.2022

Deine Gedanken zum FinanzGedicht?*

a) Wie hat dir dieses FinanzGedicht gefallen?

gar nicht :-(geht so :-| sehr gut :-D

b) Findest du, dass das Gedicht im passenden Kapitel steht?

O nein, weil... O ja

____

____

c) Was denkst du ist die Botschaft des Gedichts?

O Pildi will sagen, dass... O es gibt keine

____

____

d) Kannst du für Dich und Deine Finanzentscheidungen etwas aus dem Gedicht mitnehmen bzw. lernen?

O ja, und zwar... O nein

____

____

e) Lies jemandem das Gedicht vor und diskutiert Frage c)!

*Sende mir Deine Gedanken, Deine Meinung, Deinen Wunschtitel gerne per Mail, Instagram, Facebook oder Twitter und diskutiere mit! Scanne dazu einen der QR-Codes auf ***Seite 137!***

Unterbewertet - ein FinanzGedicht

Manch "Experte" schwört auf allen Vieren:
"Die Aktie X tut unter Wert notieren!"

Hoffentlich, der dies bekennt,
sauber Aktienkurs vom Werte trennt.

"Aber so niedrig ist das KGV!"
Der Wert der Kennzahl eher mau.

Dieser ganze Zahlenbrei,
fußt auf Prognosen - Seherei.

"Die Bilanz geprüft bis in Fußnoten!"
Bis auf den Goodwill und Optionen.

Ob die Aktien wirklich günstig steh'n,
wirst du später im Rückspiegel seh'n.

FinanzGedichte, 09.06.2022

Deine Gedanken zum FinanzGedicht?*

a) Wie hat dir dieses FinanzGedicht gefallen?

gar nicht :-(geht so :-| sehr gut :-D

b) Findest du, dass das Gedicht im passenden Kapitel steht?

O nein, weil... O ja

____

____

c) Was denkst du ist die Botschaft des Gedichts?

O Pildi will sagen, dass... O es gibt keine

____

____

d) Kannst du für Dich und Deine Finanzentscheidungen etwas aus dem Gedicht mitnehmen bzw. lernen?

O ja, und zwar... O nein

____

____

e) Lies jemandem das Gedicht vor und diskutiert Frage c)!

*Sende mir Deine Gedanken, Deine Meinung, Deinen Wunschtitel gerne per Mail, Instagram, Facebook oder Twitter und diskutiere mit! Scanne dazu einen der QR-Codes auf ***Seite 137!***

Die Annuität - ein FinanzGedicht

Manche verstehen sie erst,
wenn es zu spät;
die Rede ist,
von der Annuität.

Denn bei dieser
Finanzierungsart,
wird wenig Tilgung
mit viel Zins gepaart.

So in den Monatsraten
zu Beginn,
sind beinahe
nur Zinsen drin.

Die 2% Tilgung,
wirken erst mit der Zeit,
sodass nach 10 Jahren,
die meiste Schuld bleibt.

Läuft nun bei hohen Zinsen,
die Zinsbindung aus,
hast du gewettet;
vielleicht um dein Haus.

FinanzGedichte, 04.07.2022

Deine Gedanken zum FinanzGedicht?*

a) Wie hat dir dieses FinanzGedicht gefallen?

gar nicht :-(geht so :-| sehr gut :-D

b) Findest du, dass das Gedicht im passenden Kapitel steht?

O nein, weil... O ja

____

____

c) Was denkst du ist die Botschaft des Gedichts?

O Pildi will sagen, dass... O es gibt keine

____

____

d) Kannst du für Dich und Deine Finanzentscheidungen etwas aus dem Gedicht mitnehmen bzw. lernen?

O ja, und zwar... O nein

____

____

e) Lies jemandem das Gedicht vor und diskutiert Frage c)!

*Sende mir Deine Gedanken, Deine Meinung, Deinen Wunschtitel gerne per Mail, Instagram, Facebook oder Twitter und diskutiere mit! Scanne dazu einen der QR-Codes auf ***Seite 137!***

Trading-Bot - ein FinanzGedicht

Wenn Märkte fallen bis stagnieren,
muss man Neues mal probieren!

Denn ein Monat ohne Kursgewinn,
macht für mich so gar kein Sinn!

Mein Depotwert darf nicht sinken,
die Rendite muss stets winken!

Mein' Finanzfluencer schickt der Gott,
der promotet jetzt 'nen Trading-Bot!

So kam ich auf die Idee,
Bärenmärkte tun jetzt nimmer weh!

Der Finanzfluencer gab den Wink,
klar nahm ich seinen Referlink!

Willst vom Trading-Bot auch profitieren?
Klick jetzt den Link um's zu probieren!*

FinanzGedichte, 03.10.2022
*leider gibt es hier keinen Referlink (bezahlter Werbe-Link zu einer Webseite) für Schund. :)

Deine Gedanken zum FinanzGedicht?*

a) Wie hat dir dieses FinanzGedicht gefallen?

gar nicht :-(geht so :-| sehr gut :-D

b) Findest du, dass das Gedicht im passenden Kapitel steht?

O nein, weil... O ja

____

____

c) Was denkst du ist die Botschaft des Gedichts?

O Pildi will sagen, dass... O es gibt keine

____

____

d) Kannst du für Dich und Deine Finanzentscheidungen etwas aus dem Gedicht mitnehmen bzw. lernen?

O ja, und zwar... O nein

____

____

e) Lies jemandem das Gedicht vor und diskutiert Frage c)!

*Sende mir Deine Gedanken, Deine Meinung, Deinen Wunschtitel gerne per Mail, Instagram, Facebook oder Twitter und diskutiere mit! Scanne dazu einen der QR-Codes auf ***Seite 137!***

Heute billig morgen teuer - ein FinanzGedicht

Diese Aktie - geiler Scheiß,
gibt es jetzt zum halben Preis!

Mit meiner App ich sofort kaufe,
bevor ich mir die Haare raufe!

So billig wird die nimmermehr,
eine Verdopplung mit Gewähr!

Doch was ist denn bloß passiert!?
Nach einem Tag erneut halbiert!

Mann, das ist ja ungeheuer,
was gestern billig heute teuer!*

FinanzGedichte, 26.10.2022
*gilt evtl. auch für Immo- oder China-Aktien?

Deine Gedanken zum FinanzGedicht?*

a) Wie hat dir dieses FinanzGedicht gefallen?

gar nicht :-(　　　　geht so :-|　　　　sehr gut :-D

b) Findest du, dass das Gedicht im passenden Kapitel steht?

O nein, weil...　　　　O ja

____

____

c) Was denkst du ist die Botschaft des Gedichts?

O Pildi will sagen, dass...　　　　O es gibt keine

____

____

d) Kannst du für Dich und Deine Finanzentscheidungen etwas aus dem Gedicht mitnehmen bzw. lernen?

O ja, und zwar...　　　　O nein

____

____

e) Lies jemandem das Gedicht vor und diskutiert Frage c)!

*Sende mir Deine Gedanken, Deine Meinung, Deinen Wunschtitel gerne per Mail, Instagram, Facebook oder Twitter und diskutiere mit! Scanne dazu einen der QR-Codes auf ***Seite 137!***

Deine Sicht auf Kapitel 5?

a) Welches Gedicht aus *diesem* Kapitel hat dir am besten gefallen?

Titel: ______________________________

weil... ______________________________

b) Wie würdest du einem Kind den Begriff „Spekulieren" erklären, wenn du wie Pildi ein Eichhörnchen wärst?

Spekulieren ist, ______________________________

____

____

c) Hat sich **Deine** Sicht im Bereich Spekulieren durch das Kapitel in irgendeinem Punkt verändert?

O ja, und zwar... O nein

____

____

____

d) Zeichne mithilfe von Pildi hier ein eigenes, kleines Bild zum Thema „Spekulieren"!

Bonusgedicht für alle Freunde des Friedens

Krieg - ein FinanzGedicht

Das erste was im Krieg zerfällt,
ist die Wahrheit, dann das Geld.

Man läuft nicht mehr Geldes wegen,
vielmehr um's nackte Überleben.

Wie grausam der Krieg wirklich ist,
zeigt er dann zuerst dem Zivilist.

So lässt sich schon am Anfang sagen,
wer am End das Leid zu tragen.

Warum? Um alles in der Welt?!
Doch nicht wiederum das Geld?!

Probleme lösen Kriege nicht,
sie schaffen neue - wo keins ist.

FinanzGedichte, 24.02.2022
gewidmet allen Freunden des Friedens

Dieses Gedicht ist Teil des saarländischen Buch- bzw. Spendenprojekts „**100 Texte für den Frieden**“. Über den QR-Code unter Pildi gelangst du bei Interesse auf die Projekt-Website.

Deine Sicht auf **das Buch***

a) Welches Gedicht aus dem *ganzen Buch* hat Dir am besten gefallen?

Titel: ______________________________

b) Was sind aus **Deiner** Sicht die drei wichtigsten Denkanstöße von Pildi im Buch? Nenne sie in Stichworten.

1 ______________________________

2 ______________________________

3 ______________________________

c) Hat sich durch das Buch **Deine** Sicht auf manche Finanzthemen verändert? Notiere **drei** falls möglich.

O ja, und zwar bei den Themen... O nein

____

____

d) Haben sich durch das Buch in Sachen Finanzen Dinge ergeben, die du in Zukunft für dich **persönlich ändern** willst?

O ja, und zwar beim Thema... O nein

____

____

____

e) Würdest du das Buch weiterempfehlen? O ja O nein

*Teile mir Deine Sicht bzw. Meinung zum Buch gerne mit! Nutze dazu die Möglichkeiten auf ***Seite 137! Ich freue mich auf Deine Nachricht!***

C. Pildis Reklamenest

Bild by Kristina Wegener / @eichhörnchenbande

Noch mehr Kopfnüsse gefällig!?

Du hast immer noch nicht genug? Dann wirf wie ich unbedingt mal einen Blick in Pildis erstes Investier' wie ein Tier FinanzGedichte-Buch mit den Gedichten aus 20**21**!

Bild by Atelier Felicida Foto

Das Buch ist erhältlich in allen Buchhandlungen:

Buch 6,99 € : ISBN 978-3755799863
E-Book 4,49 € : ISBN 3755799863

Und bei Amazon:

Der Investier' wie ein Tier Selbstlernkurs

Du willst noch mehr von Pildis Denkanstößen und erfahren, wie er beim **emotionsgeschützten, passiven und kostengünstigen** Investieren seiner Nüsse vorgeht? Dann wird dir der Investier' wie ein Tier Selbstlernkurs gerade als Neuling sicher gefallen und weiterhelfen!

Bild by Kristina Wegener / @eichhörnchenbande

Mithilfe von

- **Pildi** dem Eichhörnchen
- **40 Aufgaben** + Lösungen
- **30 QR-Codes**
- **6 Testseiten** + Lösungen
- **4 Schritt-für-Schritt Anleitungen**

(ETFs finden/auswählen/besparen/kaufen)

→ nimmst du **Deine** Finanzen in **Deine** Hand,
→ findest du Deinen **Wunsch**-ETF,
→ und **beginnst** mit dem **Investieren!**

Daten:
Preis: 29,99 €
Seiten: 94 mit Diagrammen, Tabellen, Schaubildern
Seiten farbig: 29
Format: DIN A4
Cover: Softcover

Grobgliederung des Inhalts (gekürzter Auszug)

Über mich ... 6
Die vier Prinzipien des Eichhörnchens ... 7
Ziel dieses Selbstlernkurses ... 8
Wie funktioniert dieser Selbstlernkurs? ... 9
A Motivation: Mit 300 € zur halben Million ... 13
B Was bedeutet eigentlich Investieren? ... 24
C Haifischbecken Aktien und Börse ... 31
D Walreiten mit ETFs ... 42
E Wie finde ich einen ETF für mich? ... 56
F Wähle Deinen ETF aus und investiere! ... 68
Lösungen zu den Aufgaben ... 80
Teste Dich Lösungen ... 85
Literaturverzeichnis ... 91
Hilfreiche Websites, Links und Tools ... 93
Zum Abschluss ... 94

Interesse am Selbstlernkurs?

Das Buch gibt es bis dato nicht bei Amazon und Co., sondern „nur" in lokalen Buchhandlungen meiner Heimat, die in einer relativ strukturschwachen Region Arbeitsplätze schaffen und Fußgängerzonen beleben. Eine dieser Buchhandlungen ist die *Bücherhütte* von Beatrice:

Bücherhütte Wadern, Marktplatz 18, 66687 Wadern
https://www.buecherhuette-wadern.de/home.html

Du kannst den Selbstlernkurs ganz einfach...

a) in der Bücherhütte **abholen**,
b) oder dir **deutschlandweit zusenden** lassen.

Bestelle das Buch jetzt per...

- E-Mail: info@buecherhuette-wadern.de

- oder Whatsapp bzw. Telefon: **06871-921150**

Im QR-Code findest du eine **vorgefertigte E-Mail**-Anfrage.

Sollte irgendetwas nicht funktionieren, kannst du dich per Mail auch direkt an mich wenden: InvestierWieEinTier@t-online.de

Deine Finanzen?
In die eigene Hand nehmen und investieren!

Die Kursreihe an der VHS Merzig-Wadern

Der Investier' wie ein Tier Selbstlernkurs ist natürlich nicht aus dem Nichts entstanden. Sein Ursprung liegt in meiner Tätigkeit als Dozent an der hiesigen Volkshochschule Merzig-Wadern, an der ich seit Jahren Präsenz- und Onlinekurse zum Thema Finanzen/Investieren halte und meine Erfahrungen teile. Dort motiviere ich die Teilnehmer für kleines Geld und ohne versteckte Interessenskonflikte dafür, ihre Finanzen in die eigene Hand zu nehmen und zeige Möglichkeiten mit ihren Vor- und Nachteilen auf – vor allem im Hinblick auf unsere Anlegerpsychologie. Das Ziel: Die Teilnehmer regeln am Ende ihre Finanzen und v. a. ihre Geldanlage selbstbestimmt und brauchen niemanden mehr außer sich selbst.

Wenn du Interesse hast, schau dir das Kursangebot gerne einmal über den QR-Code an. Die Kurse sind unabhängig voneinander buchbar. Alle Kurse gibt es auch als Online-Version. Daran kann jeder egal wo er/sie wohnt teilnehmen.

https://vhs-merzig-wadern.de/index.php/Unser_Semesterprogramm/Suche/Buchheit/36

Anmelden kannst du dich bei der VHS Merzig-Wadern entweder über die Website, telefonisch (06861/829100) oder auch per Mail an info@vhsmails.de Im QR-Code findest du eine vorgefertigte E-Mail, die du individuell anpassen kannst.

Der Investier wie ein TIER Newsletter

Du hast immer noch nicht genug von Pildi, willst in Sachen Finanzen stets auf dem Laufenden bleiben und ca. alle 6 Wochen den **kostenlosen** Investier' wie ein Tier Finanz-Newsletter erhalten? Er behandelt Themen wie: Wichtige Neuigkeiten, Verrücktes aus der Finanzwelt, Anleger-Psychologie, Änderungen bei ETFs/Brokern/Banken/Steuern/Versicherungen und enthält wie gewohnt wertvolle Kopfnüsse. Natürlich kannst du dich jederzeit mit einer formlosen Nachricht wieder abmelden. Ich benutze **kein** Tracking-Programm o. Ä. Es ist ein einfacher E-Mail-Verteiler.

Sende mir einfach eine kurze E-Mail an:
InvestierWieEinTier@t-online.de

Noch bequemer: Scanne den QR-Code. Du erhältst eine vorgefertigte Mail und musst nur noch auf „Senden“ drücken.

Themen aus dem Newsletter 5/22 vom 11.09.2022:

1. Pildi und ich verteilen Kopfnüsse in der Stadtbibliothek Merzig!
2. Inflation vs. Sparquote – vorausschauend handeln!
3. Reich mit Gras – ein kurzer Spaß.
4. Erklär' die Grundsteuer!
5. Werbetrommel
6. Ein FinanzGedicht

Das war 2022

Am Boden liegen Lieferketten,
COVID-Kranke in den Betten.

Im Februar bricht Krieg sich Bahn,
Hilfsconvois nach Osten fahr'n.

Ukrainer flieh'n vor Explosionen,
und der Westen in Sanktionen.

Der Ölpreis wird zum Ungeheuer,
Diesel war noch nie so teuer.*

Gasembargo - Preis mal drei,
zur Rettung eilt der Staat herbei.

Inflation bei 10 Prozent im Land,
seit 30 Jahren unbekannt.

Zinsen steigen wieder an,
Häuslebauer lassen's dann.

Gasspeicher luftiger als Zelte,
selbst Grüne spüren Angst vor Kälte.

Mit Waschlappen vom Gase sparen,
uns fehlt's im Winter sonst zum Garen.

Energiepauschalen hier und da,
zwischendurch singt man "Layla".

Elon Musk kauft Twitter doch,
der Tesla-Kurs fällt in ein Loch.

Auf der Kryptobörse FTX,
macht der Pleitegeier sitz.

Die Fußball-WM in Katar,
"krönt" am Ende dieses Jahr.

Finanzgedichte, 30.12.2022
*in der Spitze 2,36€/L

Instagram: @FinanzGedichte

Facebook: FinanzGedichte

Twitter: @FinanzGedichte

E-Mail: InvestierWieEinTier@t-online.de